Tafelfreuden im Mittelalter

Bruno Laurioux

Tafelfreuden im Mittelalter

Die Eßkultur der Ritter, Bürger und Bauersleut

Bechtermünz Verlag

Originaltitel: Le Moyen Age à table
Originalverlag: Editions Adam Biró, Paris

Genehmigte Lizenzausgabe für
Weltbild Verlag GmbH, Augsburg 1999

Übersetzung aus dem Französischen: Gabriele Krüger-Wirrer
Einbandgestaltung: Studio Höpfner-Thoma, München
Einbandmotiv: Bauernfest, 1550, von Pieter Aertsen (AKG/Berlin)
Gesamtherstellung: Druckerei Ernst Uhl, Radolfzell
Printed in Germany
ISBN 3-8289-0727-X

Inhalt

aproche aproche

Vorwort

Rauhbeinige Rittersleute, die ihre Zähne mit gewaltigem Appetit in blutiges Wildbret schlagen, während die Bauern am Fuße ihrer Burgen hungernd dahinschmachten; dicke, schmerbäuchige Mönche, die über üppigen und reichlich mit Wein begossenen Mahlzeiten alle Pflichten ihres Amtes vergessen; Gäste, die verdorbenes Fleisch mit enormen Mengen von Gewürz überziehen, so daß jedes Gericht gleich schmeckt; unwissende Köche, die mit primitiven Gerätschaften hantieren – so sieht häufig das Bild aus, das man sich von der Ernährung im Mittelalter macht. Diese Klischees, weit verbreitet durch unzulängliche Bücher und schlecht recherchierende Filmemacher, beruhen im Grunde auf der Vorstellung, daß einer barbarischen Zeit auch nur eine barbarische Küche entsprechen kann.

In Wirklichkeit konnten sich die Bauern im Mittelalter – abgesehen von klimatisch schlechten Jahren, die im 14. und 15. Jahrhundert allerdings zunehmend häufiger wurden – satt essen und eher besser ernähren als ihre Nachkommen im 17. Jahrhundert. Und bei den Oberschichten hatte sich in dieser Epoche eine Kochkunst, ja sogar eine Feinschmeckerkultur entwickelt, die der unseren in Vielfalt und Raffinesse um nichts nachsteht.

Um sich von Klischeevorstellungen zu befreien, muß man daher auf die Dokumente zurückgreifen, die uns von den Menschen vor fünf- oder sechshundert Jahren erhalten sind. Zahlreiche Historiker haben diesen Versuch seit einigen Jahren unternommen. Das vorliegende Buch möchte eine erste Bilanz dieser Forschungen für eine breitere Leserschaft zugänglich machen. Diese Bilanz kann keinesfalls erschöpfend sein; und man soll sich nicht wundern, wenn man hier mehr offene Fragen als endgültige Antworten findet.

Eine eigenständige Eßkultur

Die mittelalterliche Eßkultur – und dazu gehören nicht nur die Künste der Zubereitung, sondern alle gesellschaftlichen und kulturellen Gebräuche rund um den Eßtisch – wurde weder ererbt noch von außen eingeführt.

Der antiken Zivilisation verdankt sie in der Tat sehr wenig. Diese hatte im ganzen Mittelmeerraum, in Nordafrika und Spanien ebenso wie in Griechenland und Italien eine verfeinerte und frühzeitig vereinheitlichte Kochkunst entwickelt. Zwar sind die meisten Kochbücher verlorengegangen, doch eines, das dem berühmten Feinschmecker Apicius zugeschrieben wird, ist uns überliefert.

Man hat lange geglaubt, das Erbe der Antike sei völlig zerstört worden, als die Invasion germanischer Völker im

Initiale P mit der Darstellung einer Mahlzeit. Ein so profanes Thema wie Essen fand in religiösen Handschriften meist keinen Platz; es diente allenfalls der Ausschmückung einer Initiale.
Paris, Bibliothèque Nationale.

◁ *Tafel des Herzogs von Berry* (Ausschnitt). Ein fürstliches Bankett mit all seinem Prunk und seiner unmäßigen Schlemmerei gehört zu den geläufigen Klischees über das Essen im Mittelalter. Es stimmt allerdings, daß die Künstler der Zeit solch außergewöhnliche Mahlzeiten gerne dargestellt haben, wie hier Paul von Limburg zu Beginn des 15. Jahrhunderts auf dem Monatsbild Januar im Stundenbuch *Les Très Riches Heures du Duc de Berry*.
Chantilly, Musée Condé.

Szenen aus dem bäuerlichen Leben. Das Erbe der Antike wurde von den Eßgewohnheiten im Mittelalter tiefgreifend verändert. Das antike Wissen war nur noch in „toten" Texten erhalten, die keinen Einfluß mehr auf die Praxis hatten, ob es sich nun um die Küche (Apicius) oder um die Jagd handelte, wie diese Szenen aus einer Handschrift der *Kynegetika,* einem unter dem Namen des Oppianus (2. Jahrhundert n. Chr.) überlieferten Gedicht über das Jagdwesen.
Venedig, Biblioteca Marciana.

5. Jahrhundert das weströmische Reich zusammenbrechen ließ. Beim Adel des frühen Mittelalters (5.–10. Jahrhundert) lebte es jedoch fort und verband sich mit der barbarischen Kultur. Doch die mittelalterliche Küche ist im wesentlichen nicht das Ergebnis einer solchen Verschmelzung.

In Wirklichkeit vollzog sich im Mittelalter eine langsame und fortschreitende Entwicklung weg von den Gepflogenheiten der Spätantike. So wurde etwa das *garum*, ein Fischgewürz, das dem vietnamesischen *nuoc-mam* sehr ähnlich ist und mit dem die römischen Feinschmecker fast jedes Gericht würzten, kaum mehr verwendet. Das gesamte Arsenal an Gewürzen wurde erneuert. *Assa foetida*, eines der beliebtesten Würzmittel im alten Rom, war im Mittelalter unbekannt, während andere wie Muskatnuß oder Gewürznelken zuerst Eingang in die Heilkunst und später auch in die Küche fanden.

Während der „finsteren" Jahrhunderte des Hochmittelalters erfolgte eine weitere grundlegende Veränderung: Man saß beim Essen nun aufrecht, während die römischen Gastmähler im Liegen abgehalten wurden. Vielleicht zeigt dies den Übergang von einer Küche – wie der des Apicius –, die vor allem auf Kleingehacktem, etwa Fleischklößchen, die man in die Hand nehmen konnte, basierte, hin zu anderen Eßgewohnheiten. Das Schneiden von Fleisch spielte nun eine wichtige Rolle; diese hohe Ehre war dem Truchseß vorbehalten.

Im 13. Jahrhundert war diese Entwicklung abgeschlossen, und die Kochbücher, die um diese Zeit erschienen, hatten mit der Sammlung des Apicius (bei der es sich in Wahrheit eine Kompilation aus dem 4. Jahrhundert handelt) nichts mehr gemein. Doch es handelte sich um einen langsamen Prozeß ohne große Brüche.

Manche Historiker meinten, die mittelalterliche Kochkunst verdanke ihren Ursprung der arabischen Welt, die hier ähnlich wie in anderen Bereichen die kulturell unterentwickelte christliche Oberschicht beeinflußt habe. Der Überfluß an Gewürzen in der europäischen Küche des 14. Jahrhun-

Die Hochzeit zu Kana. Bologneser Schule. Das Letzte Abendmahl und die Hochzeit zu Kana waren in erster Linie die Themen, die es den Künstlern im Mittelalter erlaubten, Mahlzeiten darzustellen.
Fresko in der Abtei von Pomposa.

derts erinnert in der Tat an die Gaumenfreuden des Maghreb oder Indiens, und manche Gewürze kamen auch über die arabische Medizin nach Europa. Doch die bevorzugten Gewürze der mohammedanischen Feinschmecker waren ganz und gar nicht identisch mit jenen, die in Frankreich oder England geschätzt werden. Zudem unterschied sich die Küche zu beiden Seiten des Mittelmeers auch noch in anderen Merkmalen – besonders deutlich in der Wertschätzung von Fett.

Auch Byzanz hat trotz seines hohen Ansehens die westlichen Köche nicht inspiriert. Die dortige Küche diente dem europäischen Geschmack eher als abschreckendes Beispiel, so etwa in der von Ekel erfüllten Beschreibung, die der Gesandte des westlichen Kaisers, Liutprand von Cremona, im 10. Jahrhundert von den Gerichten am Tisch des byzantinischen Herrschers gab: Seinen Worten nach troffen sie von Öl und *garum*, Gewohnheiten, die sich im Westen verloren hatten, während die byzantinische Kultur sie bewahrte. Auch in der arabischen Welt scheinen antike Eßgebräuche länger fortgelebt zu haben.[1]

Das Vorbild der mittelalterlichen Küche findet sich daher nicht in Bagdad, Córdoba oder Byzanz – und ebensowenig in Peking. Die Hypothese, der Gebrauch von Teigwaren in Italien gehe auf die Reisen Marco Polos zurück, gehört endgültig in das (äußerst umfangreiche!) Arsenal kurioser Legenden für jene, die der Geschichtsschreibung der „großen Männer" nachhängen. Es besteht eine deutlich erkennbare Entwicklung vom *laganum*, einem dünn ausgerollten Teigkuchen, zu den Lasagnes, die seit Beginn des 13. Jahrhunderts in Texten erwähnt werden – zu einer Zeit also, als Marco Polo noch in der Wiege lag!

Die mittelalterliche Kochkunst ist also nichts weniger als eine von damaligen Snobs importierte Mode. Sie entstand an Ort und Stelle, in Westeuropa. Die Frage ist nun, in welchem Rahmen und unter welchen Bedingungen sich diese Kunst herausbildete.

Lesen bei Tisch. Pietro Lorenzetti, Tafel aus einem der hl. Humilitas gewidmeten Altar, um 1335. Die Heilige liest eine Passage aus der Bibel vor. Im christlichen Abendland war mönchische Askese eines der Leitbilder im Eßverhalten. In den Klöstern wurden während der Mahlzeiten Passagen aus der Bibel vorgelesen, um selbst während der Nahrungsaufnahme zur Meditation anzuregen. Die „Heilige Regel" Benedikts von Nursia enthält im Kapitel über das „Tischlesen" die Bestimmung: „Bei Tisch herrsche tiefes Schweigen, daß man kein Geräusch und keinen Laut hört außer der Stimme des Lesers."

Florenz, Uffizien.

Die Nahrung im mittelalterlichen Wertesystem

Ziel dieses Buches ist, Ernährungsgewohnheiten unter ihrem ganz alltäglichen Aspekt darzustellen. Man darf aber nicht vergessen, daß sich die Ernährung für die Menschen im Mittelalter – gleichgültig, wie kultiviert sie waren – in ein genau festgelegtes komplexes Netz von Symbolen und Wertvorstellungen einordnete.

Klassisches Vorbild aller Mahlzeiten war das Abendmahl, das seinen beiden wesentlichen Bestandteilen, dem Brot und dem Wein, zusätzlichen Wert und hohen Symbolcharakter verlieh. Darstellungen von Mahlzeiten in der westlichen Kunst sind bis ins 13. Jahrhundert religiöse Szenen: neben dem Abendmahl etwa die Hochzeit von Kana, das symbolische Bankett der Söhne und Töchter Hiobs, das Festmahl Balthasars oder das gastfreundliche Haus Abrahams.

Zudem verbot die Kirche ihren Gläubigen bestimmte Lebensmittel, die man als unrein ansah. Dieses Tabu erstreckte sich auf Pferdefleisch sowie auf erstickte Tiere, die in Fallen umgekommen oder anders getötet worden waren, ohne auszubluten. Die alten Verbote, die auf mosaischen Gebräuchen beruhten, lockerten sich jedoch im Laufe des Mittelalters. Dagegen bestimmte der Kirchenkalender die Ernährungsweise der Christen. Etwa siebzig Tage im Jahr galten als Fastentage. An diesen Tagen – die gesamte Fastenzeit vor Ostern, etwa ein Dutzend Tage vor bestimmten Kirchenfesten, die Adventszeit, die drei Buß- und Fastentage zu Beginn der vier Jahreszeiten – aß man theoretisch nur einmal am Tag. Diese strenge Regel wurde gemildert durch die Erlaubnis, den Hunger mit einem kleinen Imbiß zu stillen oder Wein (sogar gezuckert) zu trinken, und vor allem gab es zahlreiche Ausnahmeregelungen für Kranke, schwangere Frauen, Ammen, Arme, Kleinkinder und alte Leute.[2] Rigorose Enthaltsamkeit galt jedoch beim Fleischgenuß; an mindestens einem von drei Tagen mußte ein Christ sich mit Fisch und Gemüse begnügen. Während der sechsundvierzig Tage zwischen Aschermittwoch und Ostern war es verboten, Fleisch, Milchprodukte, tierische Fette oder Eier zu sich zu nehmen. Auch manche Tage vor Feiertagen und der Freitag und Samstag jeder Woche waren „magere" Tage. Ganz besonders fromme Christen fasteten auch mittwochs.

Diese Zwänge wurden auch deshalb nur widerwillig akzeptiert, weil die Versorgung mit Fisch weder der Menge noch der Qualität nach den „Verlust" von Fleisch ausgleichen konnte. Wenn auch gegen Ende des Mittelalters Befreiungen gewährt wurden, die es in manchen Städten zum Beispiel zuließen, während der Fastenzeit Butter zu essen, so führte diese Abstinenz dennoch zu einer angespannten Situation. Zudem fielen die Fastentage zwischen Aschermittwoch und Ostern in die Zeitspanne zwischen zwei Ernten – in einer Getreidewirtschaft immer eine kritische Periode.

Die Spannung, die durch diese strengen Fastenregeln erzeugte wurde, löste sich während des Karnevals. Hier fand man die Gelegenheit zu kulinarischen Ausschweifungen, besonders am Dienstag vor Aschermittwoch, der die Fastenzeit einleitete (im Französischen *Mardi gras* – „fetter Dienstag", A.d.Ü.). Doch nicht nur in dieser Beziehung tobte man sich aus; die Karnevalsfeiern waren Vorwand zu einer Umwertung aller Werte, zu einem Umsturz der gesamten

Metzgertanz bei der Nürnberger Fastnacht, 1449. Die Fastnacht vor der langen Fastenzeit bot Gelegenheit zu Festen und Schlemmereien. Da man mehr als vierzig Tage auf Fleisch verzichten mußte, wurde es während der Fastenzeit entsprechend hochgeschätzt – ebenso wie jene, die es verkauften.

Oxford, Bodleian Library.

Fischverkauf. „Im Zeichen des Widders", 14. Jahrhundert, Ausschnitt. Fisch war das Grundnahrungsmittel in der Fastenzeit und an den zwei oder drei Fastentagen in jeder Woche. Nahrungsmittel wurden in ihrem Zusammenhang mit dem Makrokosmos gesehen: So verband man Fisch mit dem Sternkreiszeichen des Widders (lat. *aries*), weil man ihn vor allem im März verzehrte.

Padua, Palazzo della Ragione.

Gesellschaftsordnung. In Theaterstücken stellte man vor allem den Kampf zwischen Karneval und Fastenzeit dar. Charnau – der Karneval –, eskortiert von mehreren Leutnants mit sprechenden Namen („Riesenappetit", „Spießlekker", „Speckdieb") und bewaffnet mit Würsten und Ochsenzungen, besiegt mit seinen Schlägen die Fastenzeit, die für alle Einschränkungen beim Essen steht, die von den armen Leuten gehaßt wurden:

„Heringe mit scharfem Senf..., große Rochen und heiße Grütze..., Rüben..., Krebse mit gekochten Kartoffeln und Miesmuscheln mit der Schale..., Hechte und gekochte Kastanien."[3]

Die Enthaltsamkeit war so drückend, daß man in den Monaten nach der Fastenzeit die regulären Fastentage weniger streng einhielt; gläubige Christen gönnten sich selbst freitags und samstags Eier und Käse.

Die alltägliche Ernährung der Katholiken pendelte daher beständig zwischen dem Überfluß der „fetten" und der Enthaltsamkeit der „mageren" Tage hin und her, aber auch zwischen Festtagen, an denen die Fleisch- und Weinrationen bedeutend größer waren als sonst, und Hungerzeiten, denn Mißernten konnten jederzeit auch die Versorgung mit dem Nötigsten gefährden. Kurz, die Menschen schwankten fortwährend zwischen Sorglosigkeit und Angst.

Ernährung und Körpersäfte

Für die Menschen im Mittelalter hatte die Ernährung nicht nur einen religiösen Stellenwert. Sie gehörte auch zum Spiel der Elemente, welches das Universum regiert.

Wie die antike Wissenschaft und Medizin stellte man sich

die Welt als Verbindung von vier Grundelementen vor: Wasser, Feuer, Luft und Erde. Jedem dieser Elemente wurden genau festgelegte Grade an Hitze und Feuchtigkeit zugeschrieben: Feuer etwa war heiß und trocken, Wasser kalt und feucht. Der Mensch wurde als Mikrokosmos aufgefaßt; er vereinigte in sich die Eigenschaften und Elemente des Makrokosmos Welt. Das vorherrschende Element im Körper eines Menschen erlaubte es, sein Temperament zu bestimmen: er ist cholerisch, wenn trocken und heiß überwiegt, oder sanguinisch (heiß und feucht), phlegmatisch (kalt und feucht), melancholisch (trocken und kalt).

Da Nahrungsmittel ebenfalls ein Teil der Natur waren, galten auch sie als mehr oder weniger heiß und feucht, trocken und kalt usw. und hatten daher in der Medizin unterschiedliche Funktionen. Sie dienten der Vorbeugung, da sie das Gleichgewicht der Körpersäfte aufrechterhielten, und förderten die Heilung, indem sie das Übermaß eines Stoffes ausglichen. Die Ärzte, die den Grad an Feuchtigkeit oder Hitze eines Nahrungsmittels genau festzulegen versuchten, verboten daher je nach dem vorherrschenden Saft im Körper eines Menschen manche Produkte strikt, während sie zum Genuß anderer anrieten. Choleriker sollten sich davor hüten, stark zu würzen, denn Gewürze galten als sehr heiß und trocken, besaßen also genau die Eigenschaften, die bei cholerischen Menschen vorherrschten. Die im Französischen geläufige Redewendung „der Senf steigt ihm in die Nase", wenn jemand zornig wird, hat ihren Ursprung sicher in dieser Vorstellung.

Die Theorie von den Körpersäften, die von den Ärzten der Antike entwickelt wurde, beeinflußte die Ernährungslehre zumindest bis ins 17. Jahrhundert. Doch so weit erstreckt sich unsere Untersuchung nicht.

Wir behandeln hier vor allem das Spätmittelalter. Im 13. und 14. Jahrhundert erschienen die ersten Kochbücher des christlichen Abendlandes. Überdies wurden in dieser Zeit auch andere Dokumente zahlreicher, die fundiertere Hypothesen ermöglichen. Auf den folgenden Seiten werden Kochbuchrezepte diesen Archiven, Rechnungen, Nachlaßinventaren und Berufsvorschriften gegenübergestellt. Da neben den Eßgebräuchen auch die damit verbundene Denkweise unser Thema ist, werden auch literarische Quellen und natürlich Bilder herangezogen.

Die vorliegende Untersuchung konzentriert sich auf Frankreich, doch die Gemeinsamkeiten mit den Küchen anderer westlicher Länder springen ins Auge und werden daher ebenfalls erwähnt. Die Eßkultur, zu deren Entdeckung dieses Buch beitragen will, ist auf jeden Fall europäisch zu nennen.

Doch die mittelalterliche Gesellschaft war nicht einheitlich. In einem beständigen Bemühen, jeden einzustufen und ihm seinen angemessenen Platz zuzuweisen, legten die Menschen des 14. und 15. Jahrhunderts für jeden sozialen Rang die ihm entsprechende Ernährungsweise fest. „Sag mir, was du ißt, und ich sage dir, wer du bist": Das ist zunächst unser Ausgangspunkt.

Apotheker als Bauern im „Schachbuch". Venedig, 1459. Die Apotheker, Verkäufer von Gewürzen, die zugleich Würzmittel und Medikamente waren, illustrieren den medizinischen Wert, den man im Mittelalter der Nahrung beimaß.
Oxford, Bodleian Library.

Leute bei Tisch. Selten zeigen uns mittelalterliche Buchmaler das Innere ganz gewöhnlicher Häuser, in denen Bürger bei Tisch sitzen, wie auf dieser Miniatur aus dem *Weltspiegel (Miroir du Monde)*. Außerdem hat der Künstler einen Mönch bei der Mahlzeit dargestellt, und vor der Tür steht ein Leprakranker und bittet um eine milde Gabe.
Paris, Bibliothèque Nationale.

Die Tafeln der Reichen und die Kost der Armen

Es ist nicht einfach, etwas über die tägliche Kost der großen Masse zu erfahren. Die Armen haben keine Archive hinterlassen, und die uns überlieferten Rechnungen für Küche und Vorräte geben vor allem Aufschluß über den Adel, im besten Fall auch über das Bürgertum. Kam ein Notar zufällig in ein Bauernhaus, um ein Nachlaßinventar zu erstellen, war die Ausbeute gering, denn ihn interessierten nur Gegenstände von einigem Wert, die bei Bauern natürlich selten zu finden waren. Und auch Vorräte an Getreide oder Öl blieben in einer Welt, in der nicht einmal das tägliche Brot unbedingt gesichert war, eine Seltenheit.

Kochbücher entstanden ebenfalls im Umfeld des Adels und vermitteln daher wenig Information über die Ernährungsweise der Bauern, die ja zumeist Analphabeten waren. Wenn ein Autor sich für die Nahrung der Armen interessierte, machte er sich in der Regel darüber lustig oder verspottete Neureiche, die an ihren Eßgewohnheiten festhielten und so ihre bäuerliche Herkunft verrieten.

Die Archäologie führt uns hier weiter. Ausgrabungen, die in den letzten Jahren unternommen wurden, haben es uns ermöglicht, das Leben und Umfeld ganzer Dörfer in Burgund oder in der Provence zu rekonstruieren. Solche Beispiele sind jedoch selten, denn die heutigen Dörfer überdekken die mittelalterlichen Spuren. Nur Siedlungen, die während der Krisen am Ende des Mittelalters verlassen wurden, können wir heute archäologisch untersuchen. Doch dank dieser Ausgrabungen und der vorhandenen schriftlichen Quellen kann man rekonstruieren, wie die Alltagskost der Bevölkerungsmehrheit aussah. Man erhält dabei einen Eindruck davon, wie ungesichert die Versorgung mit dem Nötigsten zu jener Zeit war.

Ein stets gefährdetes Gleichgewicht

Im 14. und 15. Jahrhundert hatten nicht alle Menschen die Sicherheit, daß sie sich ausreichend ernähren konnten. Nach den goldenen Jahren des Hochmittelalters (11.–13. Jahrhundert) traten immer häufiger Hungersnöte auf, verursacht durch eine Klimaabkühlung und ein stärkeres Bevölkerungswachstum bei gleichbleibenden Bodenressourcen. Dazu kamen noch die Verwüstungen im Laufe des Hundertjährigen Krieges und die hohe Steuerlast während dieser Zeit. Mit der Hungersnot von 1315 bis 1317 begannen die schweren Jahre. Im Forez gab es zwischen 1321 und 1343 nicht weniger als sieben Hungersnöte, doch war dies nur die erste Welle einer unheilvollen Zeit, die etwa bis 1380 dauerte. Nach 1410 wurde die Gesellschaft, die durch den Krieg

Das Umgraben der Erde. Monatsbild Februar, 13. Jahrhundert, Psalter aus Bonemont. Mit dem Umgraben begann der jahreszeitliche Kreislauf der Feldarbeit, der oft in den Kalendarien der Stundenbücher und sonstiger liturgischer Handschriften dargestellt wurde.

Besançon, Bibliothèque Municipale.

und schwere Epidemien in Auflösung geraten war, aufs neue von Hungersnöten heimgesucht, so daß die Jahre zwischen 1440 und 1450 „der Tiefpunkt der gesamten Epoche waren, sowohl im Hinblick auf die Bevölkerungszahl als auch im Hinblick auf die Produktion“.[1]

Da die Zahl der Menschen, die zu ernähren waren, drastisch abgenommen hatte (die Bevölkerungszahl in Frankreich hatte sich von 1300 bis 1450 etwa halbiert), verbesserte sich die Ernährungslage der Bauern von da an. In der Gegend um Cambrai gab es nach 1439 nur eine Hungersnot, während es von 1380 bis 1438 zwölf gewesen waren.

Diese Unsicherheit und Unregelmäßigkeit der Ernten muß man sich vor Augen halten, wenn man sich eine Vorstellung von der täglichen Nahrungsration der Bauern machen will. Die englischen Bauern im 15. Jahrhundert nahmen im Durchschnitt etwa 3200 Kalorien zu sich, also eine Menge, die für einen Menschen mit leichter Tätigkeit gerade ausreichend ist. Auch die Schüler des *Studium Papale* in Trets (Provence) waren 1364–1365 mit 2600 Kalorien pro Tag nicht besser bedient. Venezianische Seeleute, die eine sehr harte Arbeit verrichten mußten, bekamen dagegen zu Beginn des 14. Jahrhunderts etwa 3900 Kalorien, doch das war weniger als die Ration, die den Turmwächtern im

Szenen aus dem Landleben. Raoul Le Fevre, *Histoires de Troye*, 15. Jahrhundert. Die tägliche Getreideration, wesentliches Grundnahrungsmittel auch bei den herrschenden Klassen, wurde durch die Arbeit der Bauern gesichert, auf deren Ernte zahlreiche Grundbesitzer Anspruch erhoben. Im Hintergrund das Schloß des Feudalherren.
Paris, Bibliothèque Nationale.

Schloß Saulx-le-Duc zugestanden wurde: etwa 6000 Kalorien, also die Nahrungsmenge für einen Schwerarbeiter. Daraus ersieht man, wie ungleich die tägliche Kalorienration in normalen Jahren war, doch im großen und ganzen war sie höher als in späteren Zeiten.[2]

Natürlich waren Ungleichheiten auch sozial bedingt. Die Gäste des Bischofs von Arles, die keinerlei schwere Arbeit verrichteten, kamen auf 4500 Kalorien. Diese Nahrungsmenge war zwar bei weitem ausreichend, aber nicht ausgewogen, da es an Fetten und Vitamin A fehlte. Grund dafür war der hohe Brotanteil – 91 Prozent der gesamten Kalorienmenge wurden durch Brot abgedeckt. Zu einer Zeit, in der Getreide die Hauptgrundlage der Ernährung bildete, war das nicht außergewöhnlich.

Getreide als Nahrungsgrundlage

Die vorrangige Stellung von Getreide war eine Konstante der Ernährung im europäischen Mittelalter und sogar noch in der Neuzeit. In normalen Zeiten sank die Brotration niemals unter vier- bis fünfhundert Gramm Brot oder vergleichbarer Nahrungsmittel und stieg manchmal bis auf ein Kilogramm. So war es bei den Gästen des Bischofs von Arles der Fall, die im Jahre 1430 pro Kopf nicht weniger als 600 Kilogramm Weizenmehl verzehrten, das heißt 1,6 Kilogramm pro Tag, das Fünffache der derzeitig konsumierten Brotmenge! Diese Brotration machte den Hauptteil der verzehrten Kalorien aus, selbst an Fürstenhöfen. Der Rest – Wein, Fleisch, Fisch, Gemüse, Obst, Fett und Käse – war lediglich „Zuspeise“ zum Brot.[3]

Das bedeutet, daß man Getreide nicht nur in Form von Brot zu sich nahm. In Nord- und Nordwesteuropa (Großbritannien, Flandern) wurde es häufig durch Hafergrütze, frühe Formen von Bier oder richtiges Bier ersetzt. Doch auch

Eine Bäckerei, Ende des 15. Jahrhunderts. Der größte Teil des Getreides wurde in Form von Brot verzehrt, das von Bäckern, die in mächtigen Zünften zusammengeschlossen waren, hergestellt und verkauft wurde. Miniatur aus einem von Franziskanern verwendeten Kalendarium aus der Werkstatt des Jean Colombes in Bourges.
Lyon, Bibliothèque Municipale.

wenn man sich auf Brot beschränkt, werden soziale Unterschiede deutlich: Die Oberschicht hatte ein Anrecht auf weißes Weizenbrot, während die Armen sich mit Schwarzbrot oder in schlechten Zeiten mit dem sogenannen „Hungerbrot" aus Gerste oder sogar Hafer begnügen mußten. „Die Hierarchie der Menschen erkennt man an der Farbe ihres Brotes und der Qualität ihres Getränks", hat Louis Stouff festgestellt.

Wenn auch jedermann sehr viel Brot aß, stellte es im Budget der Armen und der Reichen doch nicht denselben Kostenfaktor dar. In der Komturei des Hospizes in Puimosson (Provence) entfielen zwei Drittel des Nahrungsbudgets für die Ochsenhirten auf Brot, bei den Ordensbrüdern dagegen nur 38 Prozent, obwohl diese besseres, also auch teureres Brot aßen. Eine Erhöhung der Getreidepreise war für Haushalte, die vor allem von Brot lebten, eine Katastrophe, sie konnten nicht ausweichen. Wohlhabende Schichten dagegen kommen auf ihre „normale" Ration an Getreide, wenn sie weniger Fleisch verbrauchten.

Je höher man sich auf der Stufenleiter der mittelalterlichen Gesellschaft bewegt, desto häufiger und abwechslungsreicher werden die „Zuspeisen". Vor allem gilt dies für Fleisch, das weit häufiger verzehrt wurde, als man lange glauben wollte. So häufig, daß man sogar von Jahrhunderten des Fleischkonsums sprechen kann.

Jahrhunderte des Fleischkonsums

In den letzten Jahrhunderten des Mittelalters erreichte der Fleischverbrauch ein hohes Niveau. Die Einwohner von Carpentras zum Beispiel konsumierten 26 Kilogramm Fleisch pro Kopf und Jahr, die Einwohner von Tours 43 Kilogramm und die Provinzadligen der Auvergne sogar über hundert Kilogramm! Allerdings war das eine Periode des Überflusses, denn später sank der Fleischkonsum beständig. Im 16. Jahrhundert verzehrten die Sizilianer im Höchstfall 10 Kilogramm Fleisch pro Kopf und Jahr, während es ein

Jahrhundert früher noch das Doppelte gewesen war. Und im Gegensatz zu dem, was skrupellose Schmeichler geschrieben haben, waren die Bauern unter Ludwig XIV. im allgemeinen schlechter ernährt als ihre Vorfahren im 15. Jahrhundert. Tatsächlich wurde der hohe Fleischverbrauch des Spätmittelalters erst wieder im 19. Jahrhundert erreicht.[4]

Diese günstige Situation ist einerseits zurückzuführen auf vermehrte Viehzucht – und andererseits auf die nach den vergangenen Katastrophen gesunkene Bevölkerungszahl! Wenn man von gelegentlichen Hungerjahren absieht, war die Ernährung im Spätmittelalter gesund, üppig und sogar fleischreich. Doch man darf darüber nicht die „Unglücksfälle" vernachlässigen, die vielleicht noch besser als die normale Ernährung Aufschluß über die Rangordnung der verschiedenen Lebensmittel im Abendland geben.

Ein Metzger bei der Arbeit. Italien, 11. Jahrhundert. Der hohe Fleischverbrauch im Spätmittelalter wurde sowohl in der Stadt als auch auf dem Lande erst wieder im 19. Jahrhundert erreicht. An den Haken des Metzgers, der gerade ein Zicklein schlachtet, hängen bereits ein Schwein und Geflügel. Handschrift aus einer Handschrift der Enzyklopädie *De universo* von Hrabanus Maurus.

Abtei von Montecassino.

Inseln der Völlerei

Inmitten der großen Masse von Bauern, die zwar nicht ständig unterernährt, aber häufig schlecht ernährt waren, existierten nach Georges Dubys Formulierung auch „Inseln der Völlerei", wo man nicht nur viel, sondern auch gut aß. In diesen Milieus entstand die mittelalterliche Kochkunst – an Fürstenhöfen, in Schlössern, Klöstern oder Städten.

Rechnungen für den Küchenbedarf vermitteln uns ein konkretes Bild von der Ernährungsweise des Adels. Werfen wir zum Beispiel einen Blick in das Rechnungsbuch der Isabella von Portugal, Herzogin von Burgund, aus dem Jahre 1450. Bei der Herzogin kam jeden Tag Fleisch *und* Geflügel auf den Tisch: vier Kotelettes, sechs Schultern und sechs Teile vom Lamm, ein halbes Kalb samt Gekröse, eine Rinderhachse, ein Kapaun, siebzehn Hühner, fünf Paar Tauben, ein Rebhuhn. Ausnahmen waren natürlich die Fastentage, an denen man vor allem Fisch und Eier verzehrte (hundert Eier pro Tag, an normalen Tagen dagegen nur fünfzig). Diese Regelmäßigkeit bedeutete jedoch nicht Eintönigkeit; es war die Kunst der Köche, aus den gleichen Produkten mannigfaltige Gerichte zuzubereiten.[5]

Zu den festen Bestandteilen der Ernährung (Brot, Fleisch, Fisch, Wein) kamen auch Nahrungsmittel, die in den Rechnungen nicht auftauchen: Obst, Gemüse und Schweinefleisch von den eigenen Ländereien. Außerdem wurde der Speisezettel durch verschiedene und je nach Jahreszeit wechselnde „wilde" Früchte bereichert. Da Wälder und Heideland immer häufiger dem herrschaftlichen Besitz zugeschlagen wurden und man das Jagdrecht eingeschränkt hatte, gehörte der regelmäßige Verzehr von Wild bald zu den Kennzeichen des Adels.

Graf Wilhelm IV. vom Hennegau zum Beispiel aß in zwei von drei Wochen Fleisch vom Wildschwein, Hirsch oder der Hirschkuh. Während die Bauern sich vor allem von Ackerbau und Viehzucht ernährten, blieb die Ernährung des Adels immer noch vom Raub an der Natur bestimmt und war so auch abwechslungsreicher.[6]

Maître Chiquart, Koch des Herzogs von Savoyen, vermittelt uns einen Eindruck davon, wie schwierig es für einen Küchenchef war, für alle Gäste des Fürsten ausreichende und mannigfaltige Verpflegung zu beschaffen, die den Ansprüchen an Menge und Qualität genügten. Sechs Wochen im voraus mußten Einkäufer zu Pferde ausgeschickt werden, um „an verschiedenen Orten Rehe, Hasen, Kaninchen, Rebhühner, Fasane, Kleinvögel (alle Sorten, die man bekommt), Wasservögel (welche man gerade findet), Tauben, Kraniche, Reiher und alle wilden Vögel – was man auch immer an Sumpfvögeln bekommen kann" zu besorgen.

Außerdem mußte der Küchenchef den besonderen Geschmack mancher Gäste – der ohne ein abwechslungsreiches Angebot nicht entstanden wäre – berücksichtigen und ausreichend Fisch für diejenigen einplanen, die aus religiösen Gründen kein Fleisch aßen. All diese Ansprüche mußte er auch unvermutet oder außerhalb des Stammschlosses befriedigen können, da die Höfe dieser Zeit häufig von Ort zu Ort reisten: Der Graf von Angoulême etwa wechselte in der zweiten Hälfte des Jahres 1462 sechsmal sein Domizil.

Teller mit Tiermotiven. Fayence aus Lindos (Rhodos), 15. Jahrhundert. Auch wilde Tiere sicherten die Fleischversorgung, doch war die Jagd im Spätmittelalter weitgehend den höheren Ständen vorbehalten. Paris, Musée de Cluny.

Feste und Bankette

Bei dem Beispiel, das Chiquart angeführt hat, handelte es sich um ein mehrtägiges Bankett, für das er sage und schreibe 100 Rinder, 130 Schafe, 120 Schweine und zusätzlich für jeden Tag des Festes 100 Ferkel „zum Braten oder für andere Gerichte“, 60 fette Schweine, wegen ihres Specks und für Suppen, 200 Zicklein, 200 Lämmer, 100 Kälber, 2000 „Hühnerköpfe“ und 6000 Eier veranschlagte! Natürlich entsprachen diese Mengen der hohen Zahl von Gästen, doch es ist ganz offensichtlich, daß ein solches Bankett auch für den Adel ein großes Ereignis war.

Bankette waren nicht selten. Die Köche der bereits erwähnten Isabella von Portugal mußten in einem Zeitraum von zwei Monaten drei solcher Feste ausrichten: am 10. November zu Ehren der Ankunft des Grafen von Charolais, am 26. November zu Ehren der Ankunft der Mademoiselle von Coimbra, einer Nichte der Herzogin, und am letzten Tag des Jahres zu Ehren des Herzogs von Burgund. Diese hochgestellten Persönlichkeiten kamen natürlich nicht allein, sondern begleitet von ihrem ganzen Hofstaat – die Ausgaben stiegen daher beträchtlich. Am 31. Dezember wurde das Zehnfache der Summe verbraucht, die man normalerweise für das Essen ansetzte. Allerdings bekamen die Gäste an diesem Tag auch Geflügelarten, die bei der Herzogin zu gewöhnlichen Zeiten nicht aufgetischt wurden: Fasane, Kleinvögel, Wasservögel und Stelzvögel.

Die außergewöhnlichen Bankette zu ebenso außergewöhnlichen Anlässen – Hochzeiten, die eine Verbindung zweier Familienstämme oder Dynastien besiegelten, Beerdigungen oder etwa das berühmte Fasanenbankett, das Philipp der Gute, Herzog von Burgund, am 17. Februar 1454 in seinem Schloß in Lille gab (wir kommen noch darauf zurück) – muß man gesondert betrachten. Denn Bankette erfüllten

Mittagsmahl der Jäger. Bildteppich aus dem Elsaß, um 1420. Manchmal wurde ein Teil des erlegten Wildes an Ort und Stelle von den Hetzjägern verzehrt; auch die Hunde wurden mit einigen Happen belohnt.

Nürnberg, Germanisches Nationalmuseum.

EIN GUT GERIHT VON HASEN

Hasentopf nach einem Rezept von Frantz de Rontzier aus dem Jahr 1598, erschienen in einem der ersten Kochbücher deutscher Sprache, dem „Kunstbuch von mancherley Essen“.

Den Hasen ausnehmen, waschen und gut abtrocknen. Das Blut auffangen und mit Essig vermischen. Den Hasen in kleine Stücke tranchieren und in einen Topf aus Steingut füllen. Dazu gehackte Zwiebeln, Knoblauch, Nelken, Pfeffer, Thymian, Majoran, Estragon; das ganze mit der Mischung aus Blut und Essig und dem Wein übergießen. Etwa 4–6 Stunden kühl stellen. Schweinebauch in Würfel schneiden und anbraten. Die Hasenstücke abtropfen, in Mehl wenden und anbraten. Die Hasenstücke auf den Schweinebauch legen, Pumpernickel, Mehl und die Marinade zugeben, alles salzen und kurz aufgekochen. Alles in eine Kasserolle aus Steingut geben und mit Brotteig fest verschließen. Im Backofen ca. 1½ Stunden backen.

Kunstbuch von mancherley Essen; nach: Wie man eyn teutsches Mannsbild . . ., S. 37.

Mahlzeit während der Jagd. Miniatur aus dem *Livre de la chasse (Buch über die Jagd)* von Gaston Phébus. Die Malerei behandelt dasselbe Thema wie das vorangegangene Bild, aber auf eher realistische Weise. Die Darstellung ähnelt den Miniaturen, welche die berühmte Abhandlung über die Jagd des Grafen von Foix, selbst ein großer Jäger, schmücken. Man sieht, daß der Graf Anspruch auf einen Tisch hat, während seine Hetzjäger sich mit Tischtüchern auf dem Gras begnügen müssen.

Vornehmes Mahl. Miniatur aus der *Histoire du Grand Alexandre (Geschichte Alexanders des Großen)*, 15. Jahrhundert. Hier finden sich alle Merkmale eines „normalen" vornehmen Essens, das keineswegs ein Festmahl ist: die Bediensteten, in strenger Ordnung und ausschließlich männlich, die Hierarchie der Gäste, die Zurschaustellung des Geschirrs auf einem separaten Büffet. Nur die Kopfbedeckungen wirken exotisch entsprechend dem Schauplatz des Geschehens, der in Asien liegt.

Paris, Petit Palais.

GEFÜLLTE KALBSBRUST

Die Kelberbruͤst lest man ganz/vn loͤset sie auff/fuͤllet sie vnd sticht sie mit holtzen stecken widerzu. Item/man weicht Weißbrot in Wein/druckts das der Wein darauß kome/legts sampt Eyern/Buttern/kleinen Rosin vnd Timean in eine Pfannen/ruͤrts vnter einander/lests durch kochen/darnach hackt mans vnd fuͤllet die Kelberbruͤste damit/bringt sie mit dem Wein da daß Brot zuvor eingeweicht/vnnd Wasser zum fewr/machet sie ab mit gantzen Muscatenblumen/Timean vnd Butter.

Die Kalbsbrüste läßt man ganz und schneidet eine Tasche hinein, füllt sie und steckt sie mit Hölzchen wieder zu. Man weicht Weißbrot in Wein ein, drückt es aus, daß der Wein herauskommt (und fängt ihn auf), tut es mit Eiern, Butter, kleinen Rosinen und Thymian in eine Pfanne, rührt es untereinander und läßt es durchbraten. Danach hackt man es und füllt es in die Kalbsbrüste. Man bringt sie mit dem Wein, in dem das Brot zuvor eingeweicht war, vermischt mit Wasser zum Feuer, würzt sie mit Muskatblumen, Thymian und Butter.

Kunstbuch von mancherley Essen; nach: Essen und Trinken, S. 284 f.

eine soziale und sogar politische Funktion: In einer Gesellschaft, in der verschwenderischer Überfluß hoch bewertet wurde, boten sie dem jeweiligen Fürsten Gelegenheit, durch die Vielfalt der Gerichte und die Anzahl der Gäste seine Macht, seinen Reichtum und seine Großzügigkeit zu demonstrieren. Kurz, es handelte sich um eine propagandistische Veranstaltung.[7]

Niederer Adel und Bürgertum

Der niedere Adel hatte seltener Gelegenheit zu solchen Banketten. Guillaume de Murol, ein Burgherr in der Auvergne, der über all seine Ausgaben Buch führte, mußte warten, bis die Tochter eines Vasallen heiratete oder sein Bruder, ein Stiftsherr, beerdigt wurde, um in den Genuß großer Mengen von Gewürzen oder so luxuriöser Lebensmittel wie Reis oder Zucker zu kommen.

Das bedeutet jedoch nicht, daß er die übrige Zeit zu bedauern war. Die üblichen Tischgenossen Guillaume de Murols (Familie und Personal, insgesamt neunzehn Personen) hatten pro Kopf und Tag 6000 Kalorien zur Verfügung. Und der Hausherr bekam sicher mehr als die Durchschnittsration seines Haushalts.

Doch diese wenig abwechslungsreiche Ernährung basierte vor allem auf Getreide, das 65 Prozent der täglichen Kalorienmenge ausmachte (und sogar mehr als 80 Prozent, wenn man die fast zwei Liter Wein, die jede Person pro Tag trank, nicht mitrechnet), in zweiter Linie auf Fleisch (etwa 400 Gramm, wenn kein Fastentag war). Da Guillaume und sein Haushalt vor allem von dem lebten, was es auf den eigenen Ländereien gab, veränderte sich die Ernährung je nach Ort des Aufenthalts: Im Schloß Murol, das im Gebirge der Monts-Dore lag, verwendete man Butter, während der Aufenthalte in Saint-Amant in der Limagne begnügte man sich mit Nußöl. Hier in der Ebene kam auch ausnahmsweise frisches Obst auf den Tisch.[8]

Über die tägliche Kost der Städtebürger ist sehr wenig bekannt, noch weniger als über die der Bauern. Es gibt jedoch keinen Grund anzunehmen, daß sie sich wesentlich von der Ernährung eines niederen Adligen wie Guillaume de Murol unterschied.

Die einzigen Hinweise, die wir haben, stammen aus dem *Ménagier de Paris.*

Dieser *Ménagier de Paris* ist ein Haushaltsbuch, in dem sich moralische Anekdoten ebenso finden wie praktische Ratschläge zur Gartenarbeit oder Pferdeheilkunde. Verfaßt wurde es von einem betagten Bürger für seine junge Frau, für den wahrscheinlichen Fall, daß er als erster sterben würde und sie den Haushalt allein führen müßte. Der Autor stellte sein Material aus bereits vorhandenen Büchern zusammen – vor allem der lange Abschnitt zur Kochkunst stammt direkt aus dem bekannten *Viandier*, einem Kochbuch, das damals Taillevent, dem Küchenchef Karls VI., zugeschrieben wurde. Das beweist zumindest, daß Bürger Kochbücher lasen, die in adligen Küchen entstanden waren. Die adlige Kochkunst erreichte unter anderem auf diesem Wege die Bürger und beeinflußte möglicherweise auch ihre Eßgewohnheiten.

Bei einfachen Leuten. Miniatur aus der Wiener Handschrift des *Tacuinum sanitatis* (Handbuch der Gesundheit, zugrunde liegt ein Werk des arabischen Gelehrten Ibn Botlan, gest. um 1064), 15. Jahrhundert. Der Tisch ist einfach gedeckt, die Kost ist derb – hier gekochte Eingeweide und Innereien (*intestina id est busecha*). Und es sind die Frauen, die kochen. Kein Zweifel, hier sind wir in bescheidenem Milieu.
Wien, Österreichische Nationalbibliothek.

Doch der Autor des *Ménagier de Paris* war kein einfältiger Bewunderer der königlichen Luxusküche. Er zögerte nicht, manche Rezepte zu streichen, weil sie „nichts für den Koch eines Bürgers sind“ oder „zuviel Arbeit machen“. Die oft sehr kurz gehaltenen Rezepte aus dem *Viandier* sind im *Ménagier* genauer erläutert. In dem Beispiel, das wir hier abdrucken, wird etwa erklärt, wie man die Milch auswählen muß, um nicht vom Händler betrogen zu werden, oder wie man Flüssigkeit mit Eigelb bindet – nützliche Hinweise für Küchenneulinge. Diese Überlegungen eines Hausherrn zeigen auch ein Bestreben nach Sparsamkeit, das der aristokratischen Mentalität völlig fremd war.

Diese Sorge um die Kosten wird auch sichtbar, wenn der Autor bei den beschriebenen Menüs angibt, welche Ausgaben zu erwarten seien. Ein Beispiel ist das Hochzeitmenü des Maître Helye, das uns einen Eindruck davon verschafft, wie ein bürgerliches Festmahl aussah. Was die servierten Gerichte betrifft, unterschied es sich nicht grundlegend von einem adligen Bankett.

Metzger und Kundin. Fresko, Italien, Ende des 15. Jahrhunderts. Der Metzger verkauft Eingepökeltes und Käse, eine Verbindung, die in Italien auch heute noch verbreitet ist. Auch hier ist es die Frau, die einkaufen geht, wie beim Autor des *Ménagier de Paris*, der seine Frau ermahnte, sich vor allzu listigen Händlern zu hüten.

Aostatal, Schloß Issogne.

LEGIERTE SUPPE VON JUNGEN ERBSEN ODER BOHNEN

Kocht sie, bis sie die Beschaffenheit eines Pürees haben und passiert sie. Nehmt dann äußerst frische Kuhmilch und sagt der, die sie verkauft, sie solle nicht versuchen, Euch übers Ohr zu hauen und zu verheimlichen, daß sie sie mit Wasser versetzt hat. Denn oft strecken diese ihre Milch, und wenn sie nicht frisch ist oder mit Wasser versetzt, gerinnt sie. Kocht die Milch zunächst, bevor Sie irgend etwas hinzugeben, andernfalls würde sie gerinnen. Mahlt dann Ingwer, um damit den Appetit anzuregen, und Safran, um eine gelbe Farbe zu geben. Wer aber mit Eigelb binden will, soll es hineintun; es gibt ebenfalls eine recht gelbe Farbe und bindet fürderhin. Aber die Gefahr, daß die Milch gerinnt, ist beim Binden mit Eiern größer als beim Binden mit Brot und Färben mit Safran. Wer mit Brot binden will, dem sei gesagt, daß man ungesäuertes helles Brot verwenden muß, das Ihr in einem Napf mit Milch und Fleischbrühe weicht; zerdrückt es daraufhin und streicht es durch ein Siebtuch. Und wenn das Brot passiert ist, die Gewürze aber nicht, wird alles zusammen nebst den Erbsen gekocht. Und wenn dann alles gar ist, gebt Milch und Safran bei.
Es ist auch möglich, auf andere Art und Weise zu binden, und zwar mit Hilfe der Erbsen oder Bohnen selbst. Wählt die Art und Weise zu binden, die Euch am meisten behagt. Wenn man mit Eiern bindet, muß man sie nämlich schlagen, durch ein Siebtuch streichen und sie nach und nach zur Milch geben, nachdem diese gut gekocht hat und man sie nebst den jungen Erbsen oder Bohnen und den Gewürzen vom Feuer genommen hat. Am sichersten ist es, etwas Milch zu nehmen und sie in einem Napf mit dem Eigelb zu verrühren, dann mehr Milch hinzuzugeben und in dieser Art so oft zu verfahren, bis man mit dem Löffel das Eigelb in einer beträchtlichen Menge Milch zu einer glatten Sauce verrührt hat. Gebt dies dann in den Topf, den Ihr von der Feuerstelle genommen habt, und die gebundene Suppe wird nicht gerinnen. Ist die Suppe zu dick, kann sie mit Fleischbrühe gestreckt werden.
Daraufhin braucht man gekochtes, dann gebratenes und zerlegtes Fleisch von Küken, Kalb oder einer kleinen Ente. Gebt in jeden Napf zwei oder drei Stücke Fleisch und gießt darüber die Suppe.

Ménagier de Paris, S. 213 f. Quellenangaben zu den Kochbüchern in der Bibliographie.

Bürgerliche Hochzeitsfeier im 14. Jahrhundert

„Speisenfolge der Hochzeitsfeier des Maître Helye an einem Dienstag im Mai."

Mittagsmenü (für zwanzig Schüsseln):
Suppen: Kapaun in weißem Pudding *(blanc-manger)* mit Granatapfel und rotem Zuckerwerk.
Braten: auf jeder Platte ein Viertel vom Zicklein, ein Vogel, zwei Küken. Dazu eine Sauce aus Orangen, eine Sauce cameline (s. S. 51) oder Sauce aus Sauerwein *(verjus)*. Saubere Tischdecken und Servietten nicht vergessen.
Zwischengericht: Krebse, Steinbeißer, Kaninchen und Schweinefleisch in Aspik.
Dessert: Wildbret.
Abschluß: *Hypocras* (s. S. 37) und Waffeln.
Ganz zuletzt: Wein mit Gewürzen.

Abendmenü:
Kalter Salbei mit Küken und kleinen Gänsen, Vinaigrette; auf einer Platte Pastete aus zwei Kaninchen und zwei Puddings; auf einer weiteren Platte Zickleingekröse und halbe Köpfe, goldbraun gebraten.
Zwischengericht: Speisen in Aspik wie mittags.
Abschluß: Äpfel und Käse.
Tanz, Gesang, Wein mit Gewürzen, Fackeln.

Im folgenden wird aufgezählt, was beim Bäcker, Metzger, Waffelbäcker, Geflügelhändler, Saucenkoch, Gewürzhändler etc. eingekauft werden mußte (mit Preisangaben); außerdem wird der Lohn für das Personal, einschließlich „ein Koch und seine Gehilfen", berechnet.

(*Ménagier de Paris*, S. 184–188)

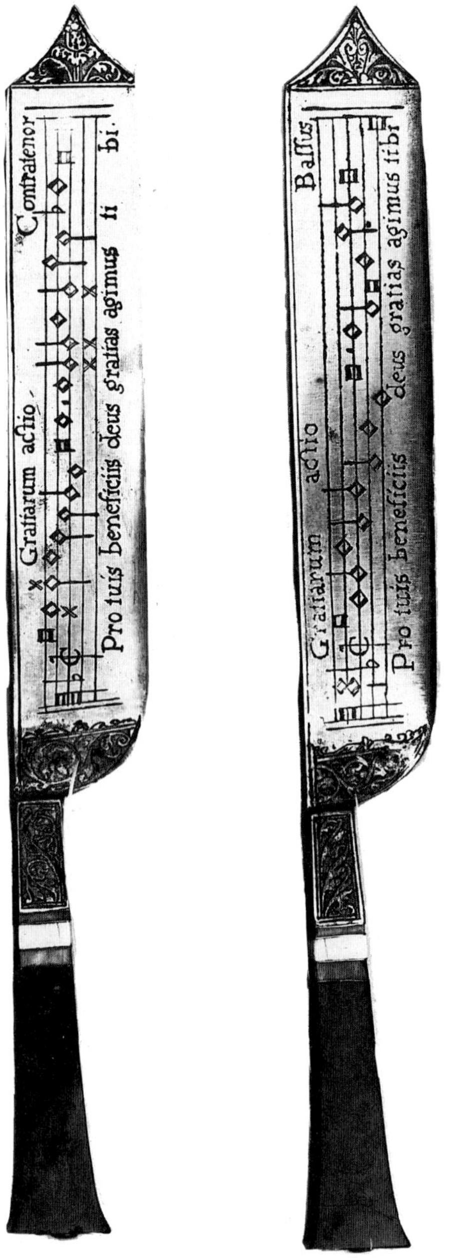

Messer aus dem Refektorium eines Klosters. Italien, 16. Jahrhundert. Bei den Mahlzeiten dankten die Mönche Gott für ihr tägliches Brot. Auf diesen Messern sind die gesungenen Partien – Tenor und Baß – einer Dankeshymne eingeritzt: „Für deine Wohltaten sagen wir dir, Herr, unseren Dank."

Paris, Musée de Cluny.

▷ *Die Tafel des hl. Franz von Assisi.* Giotto (1266-1336) aus dem Zyklus *Das Leben des hl. Franziskus:* „Der Tod des Ritters von Celano", Ausschnitt. Der karg gedeckte Tisch, auf dem sich nur symbolträchtige Nahrungsmittel finden (Brot, Wein und Fisch), veranschaulicht das Armutsideal, zu dem Franz von Assisi zurückgekehrt war. Der Ritter, ein Gast des Heiligen, starb in dem Augenblick, da sich zu Tisch setzten.

Assisi, Basilika San Francesco.

Die klösterliche Küche

Es scheint paradox, die Klöster, die weltlichen Vergnügen theoretisch entsagen sollten, zu den „Inseln der Völlerei" zu zählen. Doch abgesehen von einigen Asketen, die von Kräutern und Gemüse lebten, hatten sich die strengen Klosterregeln im Laufe der Jahrhunderte deutlich gelockert. Benedikt von Nursia zum Beispiel sah für jeden Mönch nur zwei warme Gerichte pro Tag vor, dazu eventuell noch eine dritte Mahlzeit aus Obst oder frischem Gemüse, Brot und Wein; Fleisch zu essen war nur Kranken erlaubt. Doch im Laufe des Mittelalters wurde die Kost in Benediktinerklöstern sehr abwechslungsreich und so üppig, daß sie Bernhard von Clairvaux Anlaß zu beißendem Spott gab. Bei einer täglichen Durchschnittsmenge von über 6000 Kalorien muß ein Mönch in Saint-Germain-des-Prés im 9. Jahrhundert tatsächlich ausgesehen haben wie der dicke, rotbackige Ordensbruder, der heutzutage auf manchen Camembertschachteln prangt!

Doch diese Ration war noch nichts im Vergleich zu den Mengen, die an Festtagen üblich waren. Im Kloster von Saint-Germain-des-Prés (immer noch im 9. Jahrhundert) bekam jeder Mönch an solchen Tagen 2 Kilogramm Brot, 3,1 Liter Wein oder Bier, 110 Gramm Käse und 300 Gramm getrocknetes Gemüse, das heißt, stolze 8000 Kalorien pro Tag. 79 Tage im Jahr waren solche Festtage, also mehr als einer von fünf Tagen.[9] Konzile in späteren Jahrhunderten verurteilten eine solche Überernährung. Doch bereits seit langem war es auch gesunden Mönchen nicht mehr verboten, Fleisch zu essen, obwohl immer wieder Reformer auftraten, die zur reinen benediktinischen Ordensregel zurückkehren wollten.

Zu Beginn aßen die Mönche Fleisch zusammen mit den Kranken. Später gab es für den Fleischkonsum ein spezielles Gebäude, seltsamerweise „allgemeines Krankenhaus" oder auch „Fleischhaus" *(domus carnium)* genannt. Viele Mönche gingen dorthin, „um sich zu erholen", und an großen Festtagen mußte man einen regelrechten Turnus einführen, damit alle Mönche des Klosters sich im „allgemeinen Krankenhaus" stärken konnten. Schließlich war eine ausdrückliche Vorschrift nötig, um die Mönche zu zwingen, an Fastentagen – wenn normale Christen sich an das Fleischverbot hielten! – auf Fleisch zu verzichten.

Beispiele solcher Völlerei in Klöstern ändern jedoch nichts an der Tatsache, daß die Ordensbrüder sich in der Regel von den drei Dingen Brot, Gemüse und Fisch ernährten. Brot aßen alle, aber im Unterschied zur Kost des Adels fanden Erbsen, Bohnen, Linsen, Kohl, Lauch und Rüben in den Klöstern häufige Verwendung. Reichhaltig waren auch die Fischsorten: Lachs, Neunauge, Tintenfisch, Karpfen, Forellen, Aal, Barben, kleine Barben, Meeräschen, Hering, Rochen etc.[10]

Die Klosterköche glichen die beschränkte Zahl der Produkte, die sie verwenden konnten, durch ihre große Geschicklichkeit bei der Zubereitung aus; so spottete Bernhard von Clairvaux über die tausend verschiedenen Arten von Eierspeisen. Hier war eine richtiggehende „Fastenküche" entstanden, die auch bei den Backwaren offenkundig wird. Es gab Pastetchen, Crêpes, Waffeln, Oblaten und

Geschmäcker der Mönche:

„Um euch bei euren Mahlzeiten dafür zu entschädigen, daß es kein Fleisch gibt, serviert man zweimal hintereinander gewaltige Fischmengen. Seid ihr des ersten überdrüssig, bringt man den zweiten, der euch vergessen läßt, daß ihr den ersten gekostet habt. Alles ist mit solcher Sorgfalt und Kochkunst zubereitet, daß man auch nach vier oder fünf Gerichten noch weiteressen kann; die Sattheit verringert nicht den Appetit. Der Gaumen, angeregt von ganz neuen Würzmitteln, verspürt jeden Augenblick neue Gelüste, als sei er noch nüchtern. Der Magen füllt sich, ohne daß man darauf achtet, aber die Vielfalt verhindert, daß man Überdruß empfindet. Und weil wir reine Nahrungsmittel, wie sie die Natur geschaffen hat, verachten, vermischen wir sie untereinander auf jede erdenkliche Weise, und ein verfälschter Geschmack, der die Natur der Dinge mißachtet, reizt unsere Genußsucht. Wer wollte etwa die verschiedenen Arten aufzählen, auf die ihr einfache Eier zubereitet? Man rührt sie, man schlägt sie noch und noch, man kocht sie hart und hackt sie klein, man serviert sie gebacken und gebraten und gefüllt, ob allein oder zusammen mit anderen Lebensmitteln."

(Bernhard von Clairvaux, *Apologia ad Guillelmum*, hrsg. und teilweise ins Frz. übersetzt in G. De Valous, *Le Monachisme clunisien des origines au XVe siècle*, Paris 1970 [2. Aufl.], S.251f.)

Ein Bankett. Miniatur aus der *Histoire du Grand Alexandre (Geschichte Alexanders des Großen),* 15. Jahrhundert. Die Bankette des Adels dienten der gesellschaftlichen (die Tischordnung spiegelte die soziale Hierarchie wider) und politischen Repräsentation: Die Macht des Fürsten läßt sich an der Reichhaltigkeit der Gerichte und des Geschirrs ermessen, das auf einem Büffet zur Schau gestellt wird.
Paris, Petit Palais.

Die Gewürze im *Viandier*:

„Die Gewürze, die man in diesem *Viandier* gebraucht: Ingwer, Zimt, Nelken, Paradieskorn, Langer Pfeffer, Nardenwurzel, Pfefferkorn, Zimtblüten, Safran, Muskatnuß, Lorbeerblätter, Galgant, Samen der Muskatnuß, Kümmel, Zucker." (*Viandier des Vatikan*, Mitte des 15. Jahrhunderts).

Gewürzbrot. Die Verwendung von Gewürzen wurde durch den Anbau von Heilpflanzen erleichtert; das Krankenhaus verteilte neben Fleischrationen auch Gewürze. Vielleicht besteht eine Kontinuität zwischen den Saucen, wie sie in Klöstern zubereitet wurden, und den in Kochbüchern beschriebenen Saucen. Manche Rezepte der Kochbücher bezogen sich ausdrücklich auf die Klosterküche, so etwa die Dominikanersuppe, die ihren Namen von diesem Mönchsorden erhalten hat.

Essen und soziale Hierarchie

Die Menschen des Spätmittelalters wußten sehr gut, daß der Eßtisch auch ein Ort war, an dem soziale Hierarchien offenbar wurden. Ein Beweis dafür sind die Gesetze gegen den Luxus, die von der Obrigkeit, sei es ein Fürst oder die Stadtverwaltung, erlassen wurden und die detailliert festlegten, welche und wieviele Gerichte am Tisch von Adeligen

oder Bürgern serviert werden durften. Dabei handelte es sich weniger um moralisierende Gesetze, die den Luxus bei Tisch zügeln sollten, als um den Versuch, die reichgewordenen Bürger, die aristokratische Lebens- und Verhaltensweisen nachahmen wollten, in ihre Schranken zu weisen. Die Tafel, die man hielt, sollte ebenso wie die Kleidung (mit der sich die pedantischen Gesetze gegen den Luxus ebenfalls befaßten) den sozialen Rang widerspiegeln, aber kein Mittel sein, sich über ihn zu erheben.

Über die Hierarchie bei Tisch verfügen wir über ein außergewöhnliches Dokument: einen Erlaß des Dauphin Humbert II. de Viennois aus dem Jahre 1336, der die Speisenfolge der verschiedenen Personen, die seinen Hofstaat bildeten, präzise festlegte. Es handelt sich um ein typisches Wochenmenü. Betrachten wir das Sonntagsessen (*coena*): Während dem Dauphin und der Dauphine je zwei Pasteten serviert wurden, die jeweils mit einem großen Huhn oder zwei Hähnchen gefüllt waren, bekamen die Barone und hohen Ritter nur jeweils eine dieser Pasteten, und die niederen Ritter mußten sich zu zweit eine Pastete teilen. Schildknappen, Kaplane und niedrige Geistliche, noch weiter unten auf der sozialen Leiter, mußten sich mit einem Viertelhuhn oder einem halben Hähnchen und einer Achtelscheibe Schweinefleisch aus der Keule in einer Pastete begnügen, die sie ebenfalls zu zweit teilten. Das subalterne Personal, das im „tinel", einer Art Gesindestube, aß, bekam überhaupt kein Geflügel; ihre Pasteten (auch hier eine für zwei) enthielten nur noch eine Zwölftelscheibe Schweinefleisch aus der Keule.[11]

Die soziale Hierarchie des Hauses wurde also sowohl an der Menge wie auch an der Qualität der servierten Speisen deutlich, denn Geflügel hielt man für feiner als Schweinefleisch. Die Ernährungskundler der Zeit behielten Geflügel, das als wenig nahrhaft galt, in der Tat der untätigen Bevölkerung, also der Oberschicht vor, während das „grobe Fleisch" (Rind, Schaf, Schwein), das stärker „Leib und Seele zusammenhielt", eher zur Ernährung von Schwerarbeitern oder armen Leuten gehörte. Eine an der Gesellschaft orientierte Ernährungslehre diente so diskriminierenden Bräuchen. Es ist in diesem Zusammenhang aufschlußreich, daß auch die

SPEISEN DER DOMINIKANER

Dominikanertorte. Nehmt Aale, überbrüht sie und schneidet sie in etwa einen halben Zoll dicke Scheiben. Daraufhin nehmt besonders fetten Käse, reibt ihn und bringt sämtliche Zutaten zum Ofen und bereitet daraus eine Torte. Gebt zuunterst den fein zerteilten Käse, stellt die Aalstückchen aufrecht darüber, danach wieder eine Schicht Käse, dann eine Schicht Krebshälse und so weiter im Wechsel, bis die Zutaten zur Neige gehen. Danach kocht Milch; nehmt Safran, Ingwer, Paradieskörner und Nelken und verrührt sie mit der Milch. Gebt dies zur Torte, nachdem sie schon eine Weile im Ofen war. Gebt Salz auf die Milch. Die Torte darf nicht abgedeckt werden. Besteckt die Torte mit Krebsschwänzen. Getrennt davon wird ein ansehnlicher Deckel bereitet, der auf die fertiggebakkene Torte gelegt wird.
Ménagier de Paris, S. 250.

Dominikanersuppe. Sie muß von geröstetem Brot bereitet werden und mit dem besten Käse, der zu bekommen ist. Dieser wird auf das geröstete Brot gestreut. Darüber gibt man Rinderbrühe und reicht sie mit wohlschmeckenden Kibitzen oder Kapaunen.
Recueil de Riom, S. 72.

FEINE INNEREIEN VOM SCHWEIN IN SAURER SAUCE

Nehmt die gründlich gesäuberten feinen Innereien [Milz, Nieren und Leber] eines Schweins, bratet sie auf dem Rost halb durch und schneidet sie in Stücke. Gebt sie in einen irdenen Topf, nebst Schmalz und Zwiebelringen; stellt den Topf auf Kohlenfeuer und rührt stetig um. Ist alles gut gebraten oder gekocht, dann gebt Rinderbrühe hinzu und bringet zum Kochen. Zerkleinert daraufhin geröstetes Brot, Ingwer, Paradieskörner, Safran und so fort. Rührt mit Wein und Essig an und bringt alles zum Kochen. Die Speise soll eine dunkle Farbe bekommen.
Ménagier de Paris, S. 217.

florentinischen Luxusgesetze den Geflügelkonsum einzuschränken versuchten: „Hiermit wird erklärt, daß man auf einem Teller mit Gebratenem nicht mehr servieren darf als einen Kapaun mit einer Pastete, oder ein Gänseküken mit einer Pastete, oder zwei Rebhühner oder Rothühner mit Pastete, oder zwei Hähnchen und eine Taube, oder zwei Tauben und ein Hähnchen, oder eine Ente mit zwei Tauben, oder zwei Hähnchen, nicht mehr, unter Androhung jeweils derselben Geldbuße“ (Statuten von Florenz, 1415)[12].

Der Erlaß Humberts II. legte außerdem fest, daß beim Montagsessen nur der Dauphin und seine Gattin Anrecht auf ein „Zwischengericht“ hatten, hier eine delikate Speise mit Kapaun, der als edles Geflügel galt, während die anderen Gäste sich mit zwei Gerichten zufriedengeben mußten. Wie bereits weiter oben dargelegt, zeichnete man sich vor den anderen aus, indem man gut und viel aß.

Ein weiteres Beispiel bietet das Essen, das der Bischof von Lisieux 1425 anläßlich seiner Einsetzung für den Erzbischof und das Domkapitel von Rouen gab. Nicht nur konnten die beiden Prälaten sich an zwei Gerichten gütlich tun, während die Domherren nur eines für zwei Personen und die Kaplane nur eines für vier bekamen – die Teller der Bischöfe wurden als einzige auch zugedeckt serviert, also warmgehalten, während die der anderen Gäste langsam kalt wurden.

Edle und niedere Fleischteile

Verschiedene Teile eines Tieres galten jeweils als edel, während andere für den Verzehr des Volkes bestimmt waren. Zu den letzteren gehörten natürlich die Innereien, mit denen sich der Autor des *Ménagier de Paris* eingehend befaßt. Beim Schwein erwähnt er das „Geschlinge“, unter dem er Leber, Lunge, Herz und Zunge verstand, außerdem das sogenannte *Menue haste* – die Milz, ein Teil der Leber und die Nieren – und Kaldaunen bzw. Kutteln, also Eingeweide, die gereinigt und gebrüht wurden. Ebenso detailliert schildert er Schlachtabfälle von Hammel oder Kalb. Für viele dieser Teile notiert er Rezepte, so etwa das *Menue haste de Porc en Vinaigrette* (feine Innereien vom Schwein in saurer Sauce).

Diese Ausführlichkeit ist natürlich zu erklären: Innereien waren billig; damit konnte man die Dienerschaft verköstigen. Eine Bestätigung dafür sind die erhaltenen Hausordnungen mancher englischer Küchen, die regelten, welche Stücke Köchen und welche dem Haushofmeister zukamen. Im Hause des Herzogs von Clarence hatten die ersteren Anrecht auf den Hals von Kälbern und Hammeln, außerdem auf Hammelfüße, Innereien von Wild- oder Hausgeflügel, während die Innereien vierfüßiger Tiere den Metzgern zustanden.

Metzger beim Schlachten eines Rindes. Glasmalerei aus dem 15. Jahrhundert. Da Metzger täglich mit Blut in Berührung kamen, waren sie ähnlich wie Köche oder Wundärzte zugleich verachtet und gefürchtet. Trotzdem waren die Metzgerzünfte sehr einflußreich und stifteten den Kirchen Glasfenster wie dieses – zur Vergebung ihrer Sünden oder um ihren Berufsstand zu rühmen?

Semur-en-Auxois, Notre-Dame.

Metzger beim Zerhacken von Schlachtabfällen. Glasfenster aus dem 15. Jahrhundert. Schlachtabfälle, die man sich beim Metzger besorgte, waren ein billiges Essen für arme Leute.

Semur-en-Auxois, Kirche Notre-Dame.

SCHWEINEBRATEN

Das Schweinefleisch wird verwellet/vnd beschnitten ehe mans bratet. Item/man bradet Epffel in würffel geschnitten in Bradfeist/wenn sie gar sein/macht man sie ab mit Essig kleinem Rosin zerstossenem Ingber vnd Pfeffer/gibts vber die Schweinbraten/bringt sie zu disch/etc.

Das Schweinefleisch wird aufgekocht und beschnitten, bevor man es brät. Man brät in Würfel geschnittene Äpfel in Bratfett. Wenn sie gar sind, schmeckt man sie mit kleinen Rosinen, zerstoßenem Ingwer und Pfeffer ab und gibt sie über den Schweinebraten, bevor man ihn serviert.

Kunstbuch von mancherley Essen; nach: Essen und Trinken, S. 286.

SALVAN-DORTTEM (SALBEITORTE)

Fünf Eier gut verquirlen und mit einem halben Pfund Mehl, einem halben Pfund gemahlene Mandeln und einem Teelöffel gemahlenem Salbei zu einem Teig verkneten. Die Schmalz zerlassen. Ist der Teig zu trokken, gibt man noch ein wenig Schmalz zu.

Eine Kastenform mit dem zerlassenen Schmalz ausstreichen, den Teig hineinfüllen und im Backofen eine halbe Stunde backen. Dabei mehrmals mit dem Schmalz bestreichen. In daumendicke Scheiben schneiden und heiß zu Fleisch servieren.

nach: Wie man eyn teutsches Mannsbild..., S. 82.

Doch die Köche konsumierten die Innereien, die ihnen zustanden, nicht unbedingt selbst. Ein englischer Erlaß von 1379 verbot es Pastetenbäckern, sich bei den Küchenchefs fürstlicher Häuser mit Innereien von Kapaunen, Hühnern oder Gänsen einzudecken, denn man wollte vermeiden, daß sie verdorbene Pasteten verkauften. Es gab also eine Art Wirtschaftskreislauf, der die niederen Fleischteile aus privaten Küchen des Adels in die Geschäfte von Pastetenbäckern und damit auf den Tisch der Bürger oder der armen Bevölkerung brachte.

Spezielle Kost für spezielle Gruppen

Es wäre jedoch falsch, sich die mittelalterliche Gesellschaft ausschließlich als hierarchische Gesellschaft vorzustellen. Dasselbe Individuum konnte je nach den Umständen seines Lebens zu verschiedenen sozialen Gruppen gehören, die sich durch eine besondere Lebensweise auszeichneten: während der Kindheit etwa, wenn man krank wurde, oder wenn man zu einer Wallfahrt aufbrach. So wie es einen *ordo* der Geistlichen oder des Rittertums gab, existierte auch jeweils ein *ordo* für Kranke, Kinder oder Pilger. Und jeder dieser Gruppen kam eine spezielle Kost zu.

Die „Verordnung und Diät, wie man die Kinder von Königen, Fürsten und allen großen Herren ernähren muß", sah für Kinder bis zu fünf oder sechs Jahren drei Mahlzeiten pro Tag vor. Zum Frühstück gab es ein weiches Ei und einen gekochten Apfel mit etwas weichem Brot. Das Mittagessen war gehaltvoller: zuerst ein „Eintopf" (Fleischsuppe, die man aus Kapaun, Kalb, Rind, Huhn, Rebhuhn, Krebsen oder Barsch kochte und in die man Brotscheiben, „Suppen" genannt, tunkte); dieser Eintopf konnte auch durch Esels- oder Ziegenmilch ersetzt werden. Der zweite Gang bestand aus Fleisch: Rebhuhn, Fasan, Lerche, Kalb oder Hammel, in kleine Stücke geschnitten und mit einer Soße ohne Ingwer serviert. Als Nachspeise bekamen Kinder eine gekochte Birne oder einen gekochten Apfel mit viel Zucker. Zum Trinken gab es Zuckerwasser mit einem Schuß Wein von der Ile-de-France (ein besonders leichter Wein).

Diese Art der Kost erklärt sich aus dem Alter des Kindes – daher gab es zum Beispiel fast keinen Fisch, da man glaubte, seine kalte und nasse Natur unterstütze das „Phlegma" des Kindes – und aus seinem fürstlichen Rang; daher die nachdrückliche Empfehlung von Geflügel. Daß man die Speisen nicht scharf würzte, reichlich Zucker verwendete und sehr helle Fleischbrühen (vor allem aus Kapaun gekocht) bevorzugte, wurde jedoch aus der Krankendiät übernommen, welche die Ärzte oder manche Kochbücher empfahlen.[13]

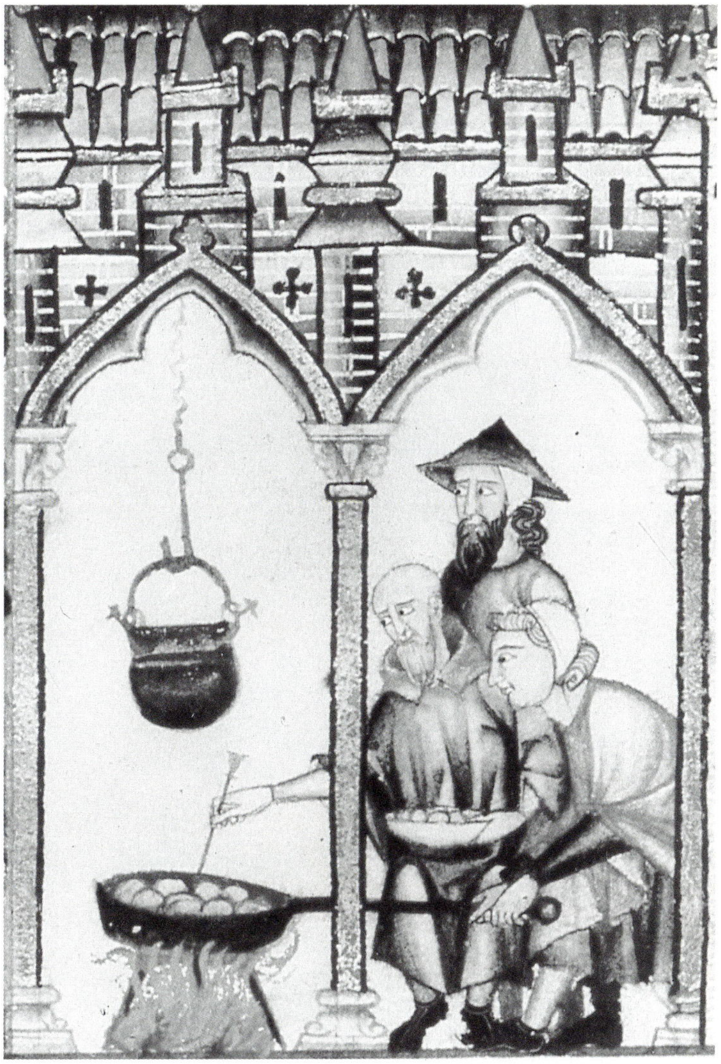

Pilger beim Mahl. Spanien, 13. Jahrhundert. Im Mittelalter gab es zahlreiche Wallfahrer, die nach Santiago de Compostela, Rom oder sogar Jerusalem pilgerten, um für ihre Sünden zu büßen oder das ewige Heil zu erlangen. Sie verpflegten sich in Herbergen, Klöstern oder aßen, was sie gerade fanden. Miniatur aus einer Handschrift der *Cantigas de Santa Maria (Marienlieder)* des Königs Alfons X., der Weise, von Kastilien und León (1252-1282).

Madrid, Bibliothek des Escorial.

Pfefferernte in Indien. Miniatur aus einer Handschrift des *Milione (Buch der Wunder)* von Marco Polo. Ein Teil der Faszination, die Gewürze auf die Phantasie der Europäer ausübten, hing mit ihrer orientalischen Herkunft zusammen, die Marco Polo in seinem berühmten Reisebericht ausführlich beschrieben hat.

Paris, Bibliothèque Nationale.

KRÄUTERSAUCE

Wiltu machē gut grūn salssē vo kreuter so klaub pfefferkraut. deymantē. mangolt. ampffer. streiff die stil darauß vnnd warn dich eines verglaste hafen mit einer deck Nym weiß brot das weich in weī oder ī essig gar woll reib leckūchē vn stos dy kreuter vn das alles miteinander gar wol treib es durch ein tūch mit essig. vn wein darin dz brot ist geweicht mach es ab mit wurtzen vnd versuch die salssen vn behalt sie in den glesen hafen vber iar.

Wenn du eine gute grüne Sauce machen willst, so lies Bohnenkraut, Minze, Mangold und Sauerampfer. Streif die Stiele ab und besorge dir ein gläsernes Gefäß mit einem Deckel. Nimm Weißbrot, das weich in Wein und Essig gut ein, reib Lebkuchen und zerstoß alles miteinander gut. Treib es zusammen mit Essig und dem Wein, in dem das Brot eingeweicht war, durch ein Tuch. Würze es und schmecke die Sauce ab. Und bewahr die Sauce in einem Glasgefäß übers Jahr auf.

Kūchemaistrey, 1490; nach: Essen und Trinken, S. 289.

Auf der Suche nach dem mittelalterlichen Geschmack

Eine leichte Küche

Jenseits der Hierarchie bei Tisch und über die sozialen Unterschiede hinaus gab es Vorlieben, die von allen Schichten der mittelalterlichen Gesellschaft geteilt wurden. Auch hier sollte man sich von Stereotypen freimachen. Im Anschluß an die ersten Historiker, die „diese abscheulichen Ragouts, an denen unsere Vorfahren sich delektierten"[1], wiederentdeckt haben, stellt man die Küche des Mittelalters häufig als fett, schwer und unverdaulich dar. Doch das sind die Vorstellungen bürgerlicher Positivisten des 19. Jahrhunderts, nach deren Ansicht das „finstere Mittelalter" nur kulinarische Barbarei hervorgebracht haben konnte.

In Wirklichkeit könnte man die mittelalterliche Küche als „leicht" bezeichnen, allerdings unter der Bedingung, darin keine diätetische Qualität nach unserer heutigen Vorstellung zu sehen. „Teststück" sind hier die Saucen, die im Unterschied zu den früheren – den Saucen des Apicius in der römischen Epoche etwa – und zu den späteren (bis hin zur geschlagenen Butter unserer heutigen Meisterköche) keinerlei Fett, Öl oder Butter enthielten. Auch die Bindung mit Mehl war unbekannt, da man die Soßen mit Brotkrümeln, Mandeln, zerstoßenen Nüssen oder auch mit Eigelb eindickte.[2]

Hauptbestandteil der Saucen war damals eine mehr oder weniger saure Substanz: Saft aus unreifen Trauben, Wein, Essig, manchmal auch Saft von Zitrusfrüchten (Bitterorangen, Zitronatzitronen, Zitronen) oder von Granatäpfeln. Die Säure der mittelalterlichen Saucen wurde manchmal durch die Hinzugabe von Süßstoffen gemildert – doch wir werden noch sehen, daß nicht alle Abendländer diese Vorliebe für Süßsaures teilten. Auf jeden Fall kamen fast immer Gewürze hinzu, und diese Kombination sauer-würzig war Grundlage und Kennzeichen dieser Saucen.

Es wäre reizvoll, im Anschluß an Jean-Louis Flandrin einen Zusammenhang zwischen dieser Vorliebe für leichte und saure Saucen und der mutmaßlichen Vorliebe der Männer im Spätmittelalter für schlanke, herbe Frauen zu sehen. Ein Beleg für die Bevorzugung eines solchen Frauentyps sind der Schönheitskanon für Frauen, wie Dichter ihn aufgestellt haben, und die feingliedrigen, grazilen Frauen auf Gemälden. Noch frappierender wirkt dieser Zusammenhang, wenn man sieht, daß vom 16. Jahrhundert an, als in der Kunst wohlgenährtere Schönheiten dargestellt wurden, auch eine neue Vorliebe für fette Saucen offenbar wird.[3] Es ist sehr schwer zu entscheiden, ob hier wirklich ein Zusammenhang besteht oder ob – prosaischer interpretiert – das eine nicht unbedingt das andere nach sich zieht.

Gastwirt als Bauer im *Schachbuch*, Venedig, 1459. Der Gastwirt war in erster Linie jemand, der Wein ausschenkt, doch konnte man in den Gasthäusern auch seinen Hunger stillen.
Oxford, Bodleian Library.

Wer gerne Vergleiche anstellt, könnte meinen, die mittelalterliche Küche mit ihrer Vorliebe für leichte Kost sei unserer „Nouvelle Cuisine" ähnlich. Doch im Gegensatz zur letzteren versuchte man im Mittelalter keineswegs, Lebensmittel „naturell" zu servieren, ihren Eigengeschmack und ihr natürliches Aussehen zu bewahren. Ganz im Gegenteil, die Köche zeigten große Geschicklichkeit, ihre Gerichte zu verschleiern und als etwas anderes erscheinen zu lassen. Ein Beispiel sind folgende Rezepte: „Rindfleisch auf Wildbretart" oder „Falscher Stör aus Kalbfleisch". In dieselbe Richtung geht das Bemühen, Speisen zu färben.

Tatsächlich verwendete man ganz unterschiedliche Produkte, um die buntesten Farben zu erzielen: Sandelholz oder „Drachenblut" für Rot, Schminkwurz für Blau und alle möglichen Substanzen für Weiß. Gelb erzielte man mit Hilfe von Safran, der ebenso verbreitet wie teuer war – sogar bei weitem das teuerste Gewürz (bis zu zwölfmal so teuer wie Ingwer!). Auch der Adel kaufte ihn nur in winzigen Mengen.

Herstellung des Hypocras. Miniatur aus einer Handschrift des *Tractatus de herbis* des Dioskurides, 15. Jahrhundert. Der Apotheker läßt gerade den Hypocras durchlaufen, ein Genuß- und Heilmittel, das aus Gewürzen, Wein und Zucker hergestellt wurde. Auf dem Tisch stehen zwei Zuckerhüte.
Modena, Bilioteca Ertense.

Man wollte also nicht das natürliche Aussehen der Lebensmittel erhalten, sondern ihnen leuchtende, hübsche und vielleicht auch symbolische Farben – wie Rot und Gelb, Farben der alchimistischen Verwandlung, die besonders bei Moslems hochgeschätzt wurden – verleihen.

Die Vorliebe für Gewürze

Wenn man bei den Saucen einen deutlichen Bruch zwischen der mittelalterlichen und der späteren Küche feststellen kann, so gilt dies in noch stärkerem Maße für die Gewürze. Vom 17. Jahrhundert an verlor sich nach und nach die Vorliebe für Gewürze – und zwar in einem solchen Maße, daß die Europäer heute meist nur noch zum Pfeffer greifen.

Unter Gewürzen verstehen wir aromatische Substanzen orientalischen Ursprungs. Sie waren wertvolle Waren in einem weitgespannten Handel, der die Macht einer Stadt wie Venedig begründete. Zwar hatte man auch in der Antike schon Gewürze verwendet, doch niemals waren sie so zahlreich wie im Mittelalter.[4]

Eine Handschrift des berühmten Kochbuchs *Le Viandier* gibt nicht weniger als sechzehn Gewürze an, die notwendig waren, um die Rezepte nachzukochen. Und diese Liste ist nicht einmal vollständig, denn bei verschiedenen Gerichten werden noch weitere Gewürze wie Kubebenpfeffer (*Piper cubeba*), Kardamom (*Elettaria cardamomum* White und Maton) oder die Zitwerwurzel (*Curcuma zeodoaria*) verwendet. Von dieser Vielfalt hat man heutzutage keine Vorstellung mehr; nur in der orientalischen Küche ist sie noch erhalten.

Die Gewürze im *Viandier* sind ganz andere als die im Kochbuch des Apicius (4. Jahrhundert n. Chr.), wo sich die Quintessenz der römischen Küche findet. Kostwurz (*Saussurea lappa* Clarke), Pfriemenkraut (*Ferula Narthex* Boiss.) und Saft der Sirpepflanze (*Ferula Asa foetida* L.) oder ein einheimisches Kraut wie Liebstöckel waren vollkommen verschwunden, während im Abendland nach und nach Gewürznelken, Kardamom, Galgant und schließlich Muskatnuß, Muskatblüte und Paradieskörner eingeführt wurden. Mit Pfeffer, der in der antiken Küche eine Vorrangstellung eingenommen hatte (in 80 Prozent der Rezepte bei Apicius wird er verwendet) würzten die mittelalterlichen Köche nur noch sehr maßvoll, ja geradezu knauserig: Höchstens in 32 Prozent der Rezepte taucht er noch auf, und im *Viandier* kommt er überhaupt nicht vor. Ein Grund für diese Ablehnung des Pfeffers in Kochbüchern, die im Umfeld der Aristokratie entstanden, war wohl der Wunsch nach sozialer Abgrenzung. Pfeffer war im abendländischen Mittelalter in der Tat zum „Massengewürz" geworden und stellte 75 Prozent der Gewürze, die von Venedig eingeführt wurden. Wenn man ihn mit anderen Großhandelsprodukten vergleicht, war er nicht besonders teuer, und sein relativ stabiler Preis begünstigte den regelmäßigen Konsum. So gehörte er zur Kost von Studenten in Toulouse wie von Soldaten in Edinburgh, von Diakonen der Katharer wie von Insassen eines Armenhauses in der Normandie, und sogar Gefängnisinsassen in Burgund bekamen Pfeffer. Der Arzt Arnaud de Villeneuve erklärte so im 14. Jahrhundert, daß Pfeffer ein „Gewürz der Armen"[5] geworden sei.

Die „feinen Gewürze" dagegen – Gewürznelken, Muskatnuß und -blüte, Paradieskörner –, die aufgrund ihrer Seltenheit, ihrer entfernten Herkunft und daher auch ihres Preises (Ende des 13. Jahrhunderts kosteten sie in England sechsmal so viel wie Pfeffer) nur in kleinen Mengen verkauft wurden, waren nur für den Hochadel zugänglich. Aber auch wenn man nach verschiedenen Produkten griff, so war die Vorliebe für Gewürze doch überall verbreitet. Man verwendete sie für alle Speisen und Gerichte. Mehr als 80 Prozent aller Rezepte enthielten Gewürze, und zumeist nicht nur eines. Das beschränkt sich nicht, wie man vielleicht meinen könnte, auf Fleisch- oder Fischgerichte; alle Teile einer mittelalterlichen Mahlzeit – Suppen, Braten, Innereien, Süßspeisen – waren geprägt von diesem Heißhunger nach Gewürzen, und war man nach dem Festessen wieder im „Herrenzimmer", tat man sich an kandierten oder auf ähnliche Art verzuckerten Gewürzen gütlich. Auch Getränke wurden gewürzt, wie wir wissen – vielleicht geht dies auf eine antike Konservierungsmethode zurück. Beispiele sind *clairé*, ein Honigwein, *braggot* aus Bier oder *hypocras,* ein Wein mit Zucker und Zimt.

FALSCHER STÖR VOM KALB

Für sechs Näpfe nehmt am Vorabend spät oder am frühen Morgen sechs Kalbsköpfe, zieht sie aber nicht ab. Überbrüht sie mit heißem Wasser, wie man das bei Schweinen zu tun pflegt, und kocht sie in Wein. Gebt einen Schoppen [0,5 Liter] Essig hinzu sowie Salz und lasset sie so lange kochen, bis sie durch und durch weich sind. Daraufhin lasset sie abkühlen, entbeint sie, dann nehmt ein Stück grobes Tuch und gebt alles hinein und preßt es fest zusammen. Vernäht daraufhin das Tuch mit grobem Faden, daß es wie ein viereckiges Kissen aussieht, legt es danach zwischen zwei Holzbretter und gebt darauf ein schweres Gewicht. Lasset eine Nacht so ruhen. Entfernt wie bei Wild die Schwarte, schneidet in Scheiben und richtet mit Petersilie und Essig an. Gebt nicht mehr als zwei Scheiben auf einen Teller.
Ménagier de Paris, S. 239f.

HYPOCRAS NACH ART DES LANGUEDOC

Für ein Viertelpfund Hypocras nach dem Maß von Béziers, Carcassonne oder Montpellier [i.e. 12 Unzen pro Pfund] nehmt fünf Drachmen [1 Drachme entsprach 3,24 Gramm] fein ausgelesenen und gesäuberten Zimt; Ingwer, der gelesen und vorbereitet drei Drachmen ausmacht; Gewürznelken, Muskatblüte, Galgantwurzel, Muskatnuß, Narde, insgesamt eineinviertel Drachmen, wobei am meisten Nelke verwendet wird und von den anderen Zutaten jeweils immer weniger. Mahlet dies fein und gebt ein halbes Viertelpfund Blockzucker nach dem Maß von Paris (i.e. 16 Unzen pro Pfund) fein zerstoßen zu den obengenannten Gewürzen; Wein und Zucker werden in einem Topf auf kleinem Feuer erhitzt, wobei die gemahlenen Gewürze zugegeben werden. Gebt alles daraufhin durch das Seihtuch und seiht so oft, bis der Hypocras klar wird und eine ansehnliche rote Farbe bekommt. Wohlgemerkt müssen Zucker und Zimt im Geschmack vorherrschend sein.
Ménagier de Paris, S. 270.

Silberschüssel. Spanien, 14. Jahrhundert. Aus Schüsseln aß man flüssige Gerichte, vor allem Suppen und Pürees. Häufig mußten zwei Gäste sich eine Schüssel teilen.

Paris, Musée de Cluny.

Zimthändler. Miniatur aus einer Handschrift des *Tractatus de herbis* von Dioskurides, 15. Jahrhundert. Im mittelalterlichen Abendland verwendete man vielfältige Gewürze, darunter auch Zimt, die aus Ceylon oder China importiert wurden.
Modena, Biblioteca Estense.

Diese Leidenschaft für Gewürze führte jedoch nicht dazu, daß sie ohne Unterschied gebraucht worden wären. Alle Gerichte und Lebensmittel vertrugen sich mit ganz bestimmten, genau festgelegten Würzstoffen. Die mittelalterliche Kochkunst, so wie wir sie in den Kochbüchern vorfinden, zeichnete sich eher durch die Kunst des Würzens als durch die Kunst der Zubereitung aus, die oft mit Schweigen übergangen wird; der Koch war in erster Linie ein Saucenkoch.

Bei der Menge der konsumierten Gewürze, die ein für unsere westlichen Gaumen unbekanntes Ausmaß erreichte, findet sich nicht dieselbe Mäßigung. Jedes Mitglied im Haushalt der Beatrix von Ungarn, Mutter des Dauphins Humbert II. de Viennois, hatte zu Beginn des 14. Jahrhunderts 1,18 Kilogramm Gewürze pro Jahr zur Verfügung. Zwar muß man auch Gewürzgeschenke berücksichtigen, dennoch übersteigt diese Menge den heutigen Verbrauch bei weitem; heutzutage verzehrt ein Franzose pro Kopf und Jahr etwa 50 Gramm Pfeffer. Der mittelalterliche Hochadel verwendete täglich sehr viele Gewürze. Je tiefer man die soziale Leiter hinabsteigt, desto seltener der Verbrauch und desto geringer die Mengen: Die Tischgenossen des Vicomte de Fézenzaguet im Südwesten Frankreichs nahmen mehr als 600 Gramm Gewürze pro Jahr zu sich, während die bereits erwähnten burgundischen Gefängnisinsassen sich pro Jahr ein Pfund Pfeffer mit ihren Wärtern teilen mußten.

Gewürze und Einbildungskraft

Gewürze wurden also nicht nur überall und von allen verwendet, sondern auch in großen Mengen. Woher kam diese ausgeprägte und nicht zu übersehende Vorliebe, die ein Hauptmerkmal der mittelalterlichen Ernährungsweise ist?

Majoran. Italienische Miniatur aus einer Handschrift des *Tacuinum sanitatis*, 15. Jahrhundert. Majoran gehörte zu den bevorzugten Würzkräutern der italienischen Küche. Das *Tacuinum sanitatis* vermerkt: „Vorzuziehen: ganz klein, gut duftend. Nutzen: für kalten und feuchten Magen. Schaden: keiner."
Rouen, Bibliothèque Municipale.

Man muß sich vor allzu einfachen Erklärungen hüten, die sich hier und da großer Beliebtheit erfreuten. Gewürze dienten nicht etwa dazu, mit ihrem Aroma verfaultes Fleisch zu kaschieren – aus dem einfachen Grunde, weil man Fleisch im Gegensatz zu einer hartnäckigen Legende frisch kaufte und verzehrte. Auch die Hypothese von einem Einfluß moslemischer Küchenbräuche, ebenfalls eine Zeitlang weit verbreitet, hält einer näheren Analyse nicht stand: Die Westeuropäer kannten Gewürze seit der Antike und hatten nie aufgehört, sie zu verwenden, und ihre Gewürze waren ganz andere als die der Moslems, die römischen Bräuchen länger treu blieben.

Die Begeisterung des mittelalterlichen Abendlandes für Gewürze ist unerklärlich, wenn man nicht begreift, daß ihr Wert den eigentlichen Rahmen der Ernährung überstieg. Die Ärzte des Mittelalters strichen die medizinischen Eigenschaften von Gewürzen heraus. In der Lehre von den körperlichen Grundsäften, die man aus der Antike übernommen hatte, galten sie als heiß und trocken, also verdauungsfördernd. Bei dieser Vorstellung war es nur ein Schritt, jedes Gericht zu würzen. Es ist aufschlußreich, daß die meisten in der Küche verwendeten Gewürze zuerst Eingang in die Medizin gefunden hatten; das ist etwa beim Safran der Fall, der in den Arzneirezepten im Buch des Apicius vorkommt, oder später auch bei der Muskatnuß. Halten wir außerdem fest, daß die Küchenchefs ihre Gewürze von Apothekern bekamen, die ja auch Elixiere, Pulver, Sirup und andere Heilmittel herstellten. Der Name *hypocras* (Wein mit Zucker und Zimt) – entlehnt vom berühmtesten Arzt der Antike, Hippokrates – verweist deutlich auf die Eigenschaften, die man diesem Getränk zuschrieb.

Aber Gewürze waren weit mehr als Heilmittel für kranke Körper, sie regten die Phantasien der Menschen an, die sie rochen und schmeckten. In den Augen der meisten blieb ihre

Pfefferernte in Indien. Miniatur aus einer Handschrift des *Milione (Buch der Wunder)* von Marco Polo, Ausschnitt.
Paris, Bibliothèque Nationale.

Legenden über die Gewürzernte

Zimt: „Zimt ... ist die Rinde eines kleinen Baumes, der in Indien und Äthiopien wächst ... Die Alten sagen, daß Zimt und Kassiarinde in Vogelnestern gefunden wurden, und vor allem im Nest eines Vogels, der Phönix heißt. Man bekommt diese Rinde nur, wenn sie herunterfällt, sei es durch ihr eigenes Gewicht oder sei es, weil man mit einem bleiernen Pfeil danach geschossen hat."
Pfeffer: „Pfeffer ist der Samen oder die Frucht eines Strauches, der im südlichen Kaukasusgebirge in großer Sonnenhitze wächst, wie Isidor im 17. Buch schreibt. [Isidor von Sevilla, *Etymologiae*, 7. Jahrhundert.] Die Blätter dieses Strauches ähneln denen des Wacholderbusches. Schlangen bewachen den Ort, an dem er wächst, und wenn der Pfeffer reif ist, machen die Einwohner, die ihn ernten wollen, Feuer, um die Schlangen zu vertreiben; und weil die Pfefferkörner auf diese Weise geröstet werden, sind sie tiefschwarz, denn von Natur aus sind sie eigentlich weiß."
(Barthélémy L'Anglais, *Livre des Propriétés des choses.* Bibliothèque Nationale, Ms. 22532, foll. 246 u. 267)

Herkunft geheimnisvoll, und auch die Berichte Marco Polos wirkten nicht aufklärerisch. In diesem Bereich war die Macht des Mythos so stark, daß sie auch diejenigen beeinflußte, die den realen Weg der Gewürze kannten, und verleitete sie dazu, die Realität so zu interpretieren, daß sie in ihre Denkmuster paßte.

Der Ursprung der Gewürze lag im Orient. Aber in einem phantastischen Orient, einem Land voller Zauber und Wunder, wo es Edelsteine und tierische und menschliche Ungeheuer gab – kurz, nach der schönen Formulierung von Jacques Le Goff, einen „Traumhorizont"[6], zu dem nicht zuletzt die Gewürze gehörten. Ihre Ernte nahm nun immer sagenhaftere Züge an: Zimt fand man angeblich nur im Nest des Phönix, dieses mythischen Vogels, der alle fünfhundert Jahre seiner Asche entsteigt; Pfeffer mußte man den Schlangen streitig machen, die sich um den Pfefferstrauch ringeln und ihn in Brand setzen – daher waren die Pefferkörner auch schwarz, glaubte man. Der Orient, genauer gesagt Indien, woher die Gewürze kamen, grenzte dicht an das irdische Paradies an, wie man auf den Karten der Epoche deutlich sieht. Die Flüsse in diesen Gebieten – Nil, Ganges, Euphrat und Tigris – sollten angeblich im Paradies selbst entsprungen sein. Es war also ganz logisch, daß man sich von dort Gewürze holte. Joinville, der Ludwig den Heiligen 1250 auf seinen Kreuzzug nach Ägypten begleitete, beschrieb den Nil und die sagenhaften Ernten an seinem Ufer:

„Bevor der Fluß nach Ägypten fließt, legen die Leute wie dort üblich am Abend ihre Netze aus, und wenn der Morgen anbricht, finden sie in ihren Netzen diese Waren, die man nach Gewicht kauft und dann hierher bringt, als da sind Ingwer, Rhabarberwurzel, Aloenholz und Zimt. Man sagt, daß diese Dinge aus dem irdischen Paradies kommen, wo der Wind sie von den Bäumen schüttelt, so wie er bei uns trockenes Holz von den Bäumen schüttelt."[7]

Für unsere Zwecke ist es sehr aufschlußreich, daß französische Kaufleute ein Gewürz, dessen Herkunft ihnen nicht bekannt war, Paradieskorn nannten (es handelt sich um *Aframomum Melegueta* aus Westafrika). Womöglich verdankte dieses Korn seinen Erfolg in der französischen Küche tatsächlich diesem Namen, während es in anderen Ländern, wo man es „melegueta", „nou de xarch" oder „greyn of Paris" nannte, weniger verwendet wurde.

Als paradiesische Produkte hatten die Gewürze auf geheimnisvolle Weise an den Eigenschaften des Paradieses teil, in erster Linie an der Ewigkeit. Nicht von ungefähr wurden Gewürze auch bei der Einbalsamierung von Toten verwendet, die in manchen Texten geradezu als kulinarischer Vorgang erscheint, und erfüllten sie auch die Heimstatt der Seligen – denen man bereits vor dem Jüngsten Gericht die Freuden ewigen Lebens zugestand – mit ihrem Duft. Vielleicht sah ein mittelalterlicher Mensch in seiner gewürzten Sauce nicht nur ein kulinarisches Vergnügen, sondern auch ein Versprechen von Ewigkeit.

Apotheker. Miniatur aus einer Handschrift des *Livre des Propriétés des choses (Buch über die Eigenschaften der Dinge)* von Barthélémy l'Anglais, 15. Jahrhundert.
Paris, Bibliothèque de la Sorbonne.

Muskatnußverkäufer. Miniatur aus einer Handschrift des *Tractatus de herbis* des Dioskurides, 15. Jahrhundert. Der Text täuscht hier, denn das Bild scheint eher eine Kokosnuß darzustellen, obwohl zu dieser Zeit im Abendland keinerlei Spur von Kokosnüssen zu finden ist.

Modena, Biblioteca Estense.

◁ *Ein Kaufmann reist nach Akkon.* Spanische Miniatur aus dem 13. Jahrhundert. Die Hafenstadt Akkon in den Kreuzfahrerstaaten von Palästina war einer der wichtigsten Umschlagplätze für orientalische Gewürze. Zahlreiche Kaufleute deckten sich dort ein, vor allem die Genueser und Venezianer, die dem Gewürzhandel ihr Vermögen verdankten. Bildseite aus einer Handschrift der *Cantigas de Santa Maria (Marienlieder)* des Königs Alfons X. (vgl. Abb. S. 33).

Madrid, Bibliothek des Escorial.

Honigernte. Miniatur aus einer Handschrift des *Tractatus de herbis* des Dioskurides, 15. Jahrhundert. Vom Spätmittelalter an verbreitete sich mit dem Zucker im Abendland eine Vorliebe für Süßspeisen. Zuvor jedoch, und für die Bauern galt dies noch lange Zeit, konnte man die Lust nach Süßem nur mit Honig stillen. Zu Nutzen und Schaden des Honigs notiert das *Tacuinum sanitatis:* „Süßigkeit ist, dickflüssig, im Frühling gewonnen, gegen das Rötliche neigend. Nutzen: reinigt Blut und Magen, laxiert den Bauch, verhindert Fäulnis der Säfte von Fleisch und Mund. Schaden: ruft Durst hervor und verwandelt sich in Gallensäfte. Verhütung des Schadens: mit sauren Äpfeln."
Modena, Biblioteca Estense.

Nationale Vorlieben...

Wenn die Lust an Gewürzen auch von allen geteilt wurde, mußte sie sich doch den materiellen Möglichkeiten eines jeden anpassen. Aber es gab auch geographische Unterschiede. Während die französischen Köche fast ganz auf den Pfeffer verzichtet hatten, hielten englische Kochbücher weiter an ihm fest; neun bis 32 Prozent der Rezepte enthalten Pfeffer. Ähnlich verhielt es sich mit dem Kubebenpfeffer, der ebenfalls in England höher geschätzt wurde als in Frankreich. Paradieskörner und langer Pfeffer, scharfe und brennende Gewürze, die man als Luxusersatz für Pfeffer bezeichnen könnte, sagten dagegen dem französischen Gaumen zu, hatten aber jenseits des Ärmelkanals keinen Erfolg.

Seit dem Beginn des 14. Jahrhunderts scheinen die Franzosen einem weiteren Kult, dem „Kamelgeschmack" oder „Leindottergeschmack" *(saveur cameline)* gefrönt zu haben, bei dem Zimt – in großen Mengen – und Ingwer kombiniert wurden. Diese Würzmischung wurde Grundlage zahlreicher Rezepte, von der „Sauce cameline" über den „Knoblauch cameline" bis hin zur „Suppe cameline". Man kann also bei der mittelalterlichen Ernährungsweise durchaus nationale Vorlieben feststellen, die sich übrigens nicht auf Gewürze beschränkten.[8]

Sicher gab es am Ende des 14. Jahrhunderts auch eine internationale Küche, begünstigt durch den engen Kontakt der Oberschichten und den Wechsel der Köche von Hof zu Hof und von Küchenchef zu Küchenchef. Beweis dafür ist die Verbreitung mancher Gerichte und Rezepte in ganz Europa. Verschiedene Arten von weißem Pudding *(blancmanger)* kannte man in Italien ebenso wie in England, in Deutschland ebenso wie in Katalonien und natürlich in Frankreich. Die „Mamonia", ein italienisches Gericht, dessen Namen sich von dem arabischen *ma'mûniya* ableitet, gab es auch in England. Doch die englische „Mamonia" hatte mit der italienischen nichts zu tun, noch weniger mit der arabischen, und man hat Mühe, in den verschiedenen *blancmangers* des 14. und 15. Jahrhunderts einen Prototyp zu erkennen, von dem sie alle abstammten. Ihre einzige Gemeinsamkeit scheint das Bemühen um eine weiße Farbe gewesen zu sein – sei es mit Mandeln, Hühnerbrust, Milch oder Brotkrümeln. Ferner gab es im 15. Jahrhundert den *blanc-mengier party*, der „geteilt", das heißt zweifarbig war.

Die Köche wandelten die Gerichte des großen internationalen Repertoires der Epoche also je nach dem vorherrschenden Geschmack des Landes oder auch nach den besonderen Vorlieben ihrer Herren ab. Die englischen Kochbücher zeigen, daß die Inselbewohner schon sehr früh gerne Zucker und süße Würzmittel verwendeten: Vom Beginn des 14. Jahrhunderts an enthielten 60 Prozent der englischen Gerichte ein Süßmittel, und zumeist handelte es sich um Zucker. Zur selben Zeit süßten die französischen Köche weniger als zehn Prozent ihrer Speisen und betrachteten Zucker noch als Medikament, das nur in der Krankenkost etwas zu suchen hatte. Der Gegensatz ist offensichtlich: Während die Engländer süßsaure Aromen bevorzugten oder scharfe Gewürze durch Zucker milderten, genossen französische Gaumen die Verbindung von beißender Säure und Gewürzen, kurz, alles scharf Gewürzte.

Urteilt man nach den Kochbüchern, dann hatten die Bewohner der italienischen Halbinsel dieselbe Vorliebe für Zucker wie die Engländer. Doch die Eigenart der italienischen Küche war bereits die häufige Verwendung (wenn auch noch nicht so massiv wie später) von Teigwaren, die im Spätmittelalter als eigene kulinarische Kategorie auftauchten.[9] Es gab damals sehr unterschiedliche Arten von Teigwaren. In den Novellen von Sercambi, Sacchetti oder Boccaccio ebenso wie in Rezepten und Texten zur Ernährungslehre stößt man bereits auf Ravioli, Lasagne, Makkaroni, Vermicelle (Suppennudeln), Gnocchi, aber auch auf *croseti*, Nudeln in konkaver Form, die mit dem Finger eingedrückt wurden, *formentine*, eine Art früher Tagliatelle, *tria*, eine Variante der Vermicelle, und viele mehr. Neben der Herstellung zu Hause gab es in Florenz und anderen Städten bereits spezielle Teigwarenbäcker, die „lasagniers", während in Sizilien eine richtige Teigwarenindustrie entstanden war. Es besteht kein Grund anzunehmen, daß Marco Polos Reise nach China die Verwendung von Teigwaren anregte. Auf der Halbinsel hatte sich das römische *laganum* erhalten, ein dünn ausgerollter Teigkuchen, von dem unsere heutigen Lasagne abstammen und das auf die römische Antike zurückgeht (ein Rezept findet sich bei Apicius), eine völlig ausreichende Erklärung, warum sich in Italien eine „Nudelkultur" entwickelte, die über das moslemische Sizilien auch manche arabischen Bräuche wiederbelebt hat. Das Wort *tria* für Vermicelle ist abgeleitet von dem arabischen *itriyya.*

... und regionale Vorlieben

Bei anderen Produkten, die ebenso deutliche Unterscheidungsmerkmale liefern wie Gewürze, Zucker oder Teigwaren, müssen wir die Kochbücher beiseite lassen und uns auf Berichte von Reisenden, geographische Beschreibungen oder andere Quellen stützen. Das ist etwa bei Milchprodukten der Fall. Die Kochbücher der Zeit befaßten sich kaum damit, denn Milch betrachtete man als Armenkost. Doch Milchprodukte waren klassische Nahrungsmittel der nördlichen Regionen in Europa. In seiner *Description of Britain*, die 1480 erschienen ist, aber auf wesentlich älteren Quellen beruht, beschreibt Caxton die Ernährung der Waliser folgendermaßen: „Sie begnügen sich mit einer sehr einfachen Küche. Sie essen warmes oder kaltes Gerstenbrot und große, runde und dünne Haferkuchen ... Weizenbrot essen sie kaum und kochen nur selten im Ofen. Sie haben eine Art Grütze als Suppe, in die sie Lauch, Butter, Milch und große Stücke Käse mischen. Dieses Gericht schlingen sie gierig in sich hinein, so daß sie gezwungen sind, große Mengen an Met oder starkem Bier zu sich zu nehmen."

Zu den Milchprodukten kamen noch die Getreidesorten der Armen, Gerste und Hafer, und bereits das Nationalgericht Lauch. Weiter unten berichtet Caxton über die Schotten, daß sie „mehr Fleisch, Fisch, Obst und *Milch* als die Engländer essen"[10].

In Frankreich standen vor allem die Bretonen in dem Ruf, größere Mengen Milch und Käse zu verzehren. Im *Privilège aux Bretons*, einem satirischen Text vom Ende des 13. Jahrhunderts, räumt der Papst diesem Volk das Recht ein,

BLANCMANGER NACH ENGLISCHER ART

Um Blancmanger zu bereiten, lasse den Reis eine ganze Nacht in Wasser quellen und wasche ihn des Morgens gründlich. Gib ihn dann aufs Feuer, bis die Körner sich öffnen, er darf aber nicht zu weich gekocht werden. Nimm dann Weißfleisch von Kapaunen oder Hühnern und schneide es fein. Daraufhin nimm Mandelmilch, gebe sie zum Reis und bringe alles zum Kochen. Nach dem Aufkochen gib das Weißfleisch zu und vermenge, bis die Zubereitung recht zäh wird. Rühre dabei gut um; sie soll nicht anhängen. Ist sie ausreichend eingedickt, bestreue sie mit reichlich Zucker, gib in hellem Fett geröstete Mandeln zu und tische sie auf.
Forme of Cury, S. 143.

BLANCMANGER NACH FRANZÖSISCHER ART

Blancmanger von einem Kapaunen. Kocht den Kapaun so lange in Wasser, bis er gut durch ist. Zerstoßt Mandeln in großer Menge und vermengt sie nebst dem fein zerkleinerten Weißfleisch des Kapaunen mit Eurer Brühe. Seiht durch ein Tuch, daraufhin laßt Ihr die Zubereitung köcheln, bis sie soweit eingedickt ist, daß sie sich formen läßt. Gebt sie daraufhin in eine Schüssel. Röstet dann ein halbes Dutzend geschälter Mandeln und steckt sie mit dem dicken Ende nach unten auf die eine Hälfte der Speise und auf die andere Hälfte Granatapfelkerne. Bestreut das Ganze mit Zucker.
Viandier de la Bibliothèque nationale, S. 25.

BLAMENSIR (BLANCMANGER DEUTSCH)

Der woͤlle machen einen blamenser, der neme dicke mandelmilch vnd huͤner bruͤste geceyset vnd tů daz in de mandelmilch. vnd ruͤre daz mit ris mele vnd smaltz genůc, vnd zuckers tů genůg dar zv. daz ist ein blamenser.
Wer ein Blancmanger machen will, der nehme dicke Mandelmilch (das heißt aus gestoßenen Mandeln bereitete Masse) und zerpflückte Hühnerbrüste und tue die in die Mandelmilch. Und verrühre das mit Reismehl und genügend Schmalz (Fett), und tue genug Zucker daran. Das ist ein Blancmanger.
Buoch von guoter spîse, um 1345; nach: Essen und Trinken, S. 281.

Szenen aus der Imkerei. Süditalien, 11. Jahrhundert. Die Kunst der Bienenzucht war seit der Antike bekannt. Im Spätmittelalter konnten die Süditaliener ihre Lust auf Süßes jedoch mit Zucker stillen, dank eines wahren „Zuckerbooms" auf Sizilien.

Vatikan, Fondo Barberiniano.

Herstellung von Teigwaren. Miniatur aus der Pariser Handschrift des *Tacuinum sanitatis*, 15. Jahrhundert. Teigwaren – ob zu Hause oder in einem Betrieb hergestellt – waren in Italien bereits sehr verbreitet. Die *Tria* waren eine Art Suppennudeln, deren Name sich vom arabischen *itriyya* herleitet. Das *Tacuinum sanitatis* empfiehlt „vollständig ausgearbeitete" Nudeln. „Nutzen: sie sind gut für Brust und Kehle. Schaden: sie sind schädlich für schwache Eingeweide und Magen. Verhütung des Schadens: mit Gerstenzucker. Was sie erzeugen: sehr viel Nährstoff. Zuträglich für warmen Magen, für Jugendliche, im Winter, in allen Gegenden."

Paris, Bibliothèque Nationale.

SMALZIC NUDELN (GESCHMÄLZTE SPÄTZLE)

Ein Rezept aus der Klosterküche zu Tegernsee. Ein halbes Pfund Mehl in eine Schüssel sieben. Vier Eier nacheinander dazugeben und vermengen, bis der Teig zäh ist. Zwei Löffel Butter zerlassen und unterkneten. Salz und Muskat zugeben, einen geschmeidigen Teig kneten und eine halbe Stunde quellen lassen.

In einem großen Topf Salzwasser aufsetzen und zum Kochen bringen. Das Backbrett in Wasser tauchen, etwas Teig draufgeben und mit einem Messer feine Teigstreifen ins sprudelnde Wasser schaben. Das Messer dabei immer wieder in kaltes Wasser tauchen. Die Nudeln müssen schwimmen, deshalb nicht zuviel auf einmal schaben. Tauchen die Nudeln wieder aus dem Wasser auf, sind sie gar. Mit einer Schaumkelle herausnehmen, unter kaltem Wasser abschrecken, abtropfen lassen und in einer Pfanne in zerlassenem Schmalz „schmälzen". Mit Petersilie bestreut servieren.

nach: Wie man eyn teutsches Mannsbild . . ., S. 82.

Zinnkrug. Frankreich, 16. Jahrhundert. Normalerweise füllte man Krüge mit Wasser, manchmal aber auch mit Wein.
Paris, Musée de Cluny.

„auch in der Fastenzeit und an Fastentagen Käse und Milch zu essen". Die Anerkennung einer unterschiedlichen Ernährungsweise ist hier verbunden mit einem sozialen Klischee: Im Paris Ludwigs des Heiligen waren die Bretonen durch ihre Sprache, ihre Armut und ihre Bräuche eine Randgruppe.[11]

Über die nationalen Küchen hinaus existierten also regionale Eßgewohnheiten, wenn nicht gar regionale Küchen. Auch für die verwendeten Fette ist dies belegt. Die Menschen des Mittelalters, die den Zwängen der Kirche unterworfen waren, glichen sie ihrem Geschmack und ihren Vorlieben an. Der Arzt Jean Despars bemerkte, daß die Einwohner von Seeland und Friesland (in den heutigen Niederlanden) so erpicht auf Butter waren, daß sie sogar Bier oder Wein damit vermischten, eine Gewohnheit, die zuvor den Ammen vorbehalten war. Dagegen kannte man in den Mittelmeerländern keine Butter, und als König René sich auf seinem Besitz in der Provence aufhielt, wo es nur Olivenöl gab, betraute er einen Landsmann aus dem Anjou damit, ihn mit Butter zu versorgen. Während der Fastenzeit mußte man sich zwar überall in Europa mit Öl begnügen, doch war man nicht immer gezwungen, das teure Olivenöl einzuführen, sondern hatte je nach Region andere Öle zur Verfügung, Mohnöl im Norden, Nußöl in Burgund.[12]

Entwicklungen und Moden

Die Geschmäcker, fest verankert in einem Land, einer Region oder einer sozialen Schicht, entwickelten sich zumeist langsam in eine andere Richtung. Die Franzosen, die Zucker zuvor eher abgelehnt hatten, änderten ihre Meinung im Laufe des 15. Jahrhunderts, zur selben Zeit, als dieses Süßmittel auch in den Ländern, die es bereits im 14. Jahrhundert erobert hatte – Italien, Iberische Halbinsel, England –, in noch stärkerem Maße konsumiert wurde. Im 15. Jahrhundert gab es einen wahren „Zuckerboom", der soweit ging, daß zum Beispiel in einem portugiesischen Kochbuch vom Ende des Jahrhunderts in mehr als 60 Prozent der Rezepte dieser „canamiel" verwendet wurde. Es ist nicht erstaunlich, daß dieses Phänomen in den Mittelmeerregionen besonders ausgeprägt war, denn dort – in Sizilien oder der Gegend um Valencia – befanden sich die Zuckerrohrplantagen des Abendlandes. Die Europäer hatten bereits bevor es atlantische Plantagen auf Madeira, den Azoren oder den Kanaren gab, mit der Zuckergewinnung begonnen. Die Sinnesänderung der Franzosen erscheint so aufschlußreich für eine umfassende Geschmacksveränderung, die sich in der Folgezeit noch verstärkte und dazu führte, daß man weniger scharf würzte. Ein Beispiel dafür ist die „Sauce cameline", die sich im Laufe eines Jahrhunderts deutlich verändert hatte. Das Rezept aus dem 15. Jahrhundert ist bedeutend milder als das vorherige.

Man könnte übrigens fragen, was es mit der offensichtlichen und deutlich bekundeten Vorliebe von Taillevents Zeitgenossen für die „Camelinewürze" auf sich hatte, von der bereits die Rede war. Der Name „Cameline" bezieht sich eindeutig auf die warme Farbe (des Kamels oder Leindotters), die mit Hilfe von Zimt erzielt wurde. Zieht man in

Frau beim Melken. Miniatur aus dem 13. Jahrhundert. Milch und Butter wurden vor allem in den nordwestlichen Regionen Europas verzehrt: in den Niederlanden, in England, in der Bretagne.
Oxford, Bodleian Library.

GEFILTE DORTTEM VON AYREN MITE KRONSBERMUOS
(GEFÜLLTE EIERKUCHEN MIT PREISELBEERSAUCE)

Aus einem halben Pfund Mehl, vier Eiern und Majoran, Estragon (beides fein zerhackt), Salz einen Pfannkuchenteig bereiten, der nicht zu flüssig sein darf. Salzen und in heißem Fett acht kleine Pfannkuchen ausbacken. Warm stellen. Fleisch von einem gebratenen Fasan oder zwei Rebhühnern fein zerschneiden, mit gewürfeltem Speck und zwei Eiern zu einer Füllung verarbeiten. Mit Petersilie, Kerbel, Thymian, Salz, Pfeffer und einem Gläschen Apfelbrannt (Calvados) abschmecken. Die Füllung auf vier Pfannkuchen verteilen und die übrigen vier Pfannkuchen als Deckel verwenden. Auf ein Backblech legen und gut fünf Minuten im Backofen backen. Mit warmer Preiselbeersauce servieren.
Kuchenaistrey; nach: Wie man eyn teutsches Mannsbild ..., S. 69.

Käseherstellung. Miniatur aus der Pariser Handschrift des *Tacuinum sanitatis,* 15. Jahrhundert. Käse gab es fast überall; zumeist stellte er die einzige Möglichkeit dar, Milch zu konservieren. Manche Sorten hatten bereits einen besonderen Ruf, wie etwa in Frankreich der Briekäse.

Paris, Bibliothèque Nationale.

Betracht, daß in Europa zur selben Zeit kamelfarbene Stoffe äußerst beliebt waren, könnte man daraus schließen, daß es vielleicht eher die Farbe dieser Würzmischung als ihr Geschmack war, von der die Menschen des Mittelalters so angetan waren. Stand eine Mode dahinter? Man müßte eine Geschichte der Farben schreiben, um hier Gewißheit zu erlangen.

Kaum ein Zweifel am Phänomen einer Modeerscheinung besteht beim Paradieskorn, das in der französischen Küche des Spätmittelalters einen ebenso beeindruckenden wie kurzlebigen Erfolg erzielte. Kaum bekannt zu Beginn des 14. Jahrhunderts, entwickelte es sich ein Jahrhundert später zu einem der am häufigsten verwendeten Gewürze, verschwand im 16. Jahrhundert aber wieder ebenso schnell, wie es aufgekommen war. Weiter oben wurde bereits auf mögliche Gründe für eine solche Begeisterung hingewiesen. Wie es sich auch verhalten haben mag, es gab bei den Geschmacksvorlieben sicher Konjunkturen, vergleichbar einer Mode. Das ist auch kaum erstaunlich. Es gab sozusagen ein Publikum für Neuheiten: die Fürstenhöfe, die ihre „Entdeckungen" später an andere Milieus – den niederen Adel oder das Städtebürgertum – weitergaben, und sei es nur durch das Medium Kochbuch. Ebenso wie für neue Kleider- oder Haarmoden begeisterte sich der spätmittelalterliche Adel für neue Nahrungsmittel (Paradieskorn war im Abendland erst spät eingeführt worden), die teuer und faszinierend waren, und sorgte so für ihren Erfolg. Damit erregte er den Zorn moralisierender Kleriker, die in einem Zuge die kürzer gewordene (und damit unzüchtige) Kleidung und die Begierde nach „neuen und ungewöhnlichen Gerichten" verurteilten. „Das geht so weit, daß eine ganze Dienertruppe überall herumeilt, um den Bauch eines Mannes zufriedenzustellen. Und selbst wenn sie in weiter Ferne Wurzeln aus unbekannten und einsamen Gebirgen holt, in tiefen Flüssen fischt oder in trockenen Gebieten nutzlose Sträucher erntet, gelingt es ihr kaum, die Launen eines solchen Appetits zu stillen... Andere verzetteln sich im eitlen Bemühen, neue Gerichte zuzubereiten, erfinden eine Unzahl neuer Speisen und Genüsse, weil sie wie schwangere Frauen ihre Nahrung einmal weich, einmal hart, einmal kalt, einmal warm, einmal gekocht, einmal gebraten, einmal mit Pfeffer, einmal mit Knoblauch, einmal mit Zimt, einmal mit Salz haben wollen."[13] Die Bemühungen der Kochkünstler im Mittelalter waren in den Augen der Kirche wohl keine Geschmacksverfeinerung, sondern ausschweifende Eßlust – die *gula,* wie sie von Geistlichen genannt wurde, die Sünde der Völlerei.

Einsame Mahlzeit. Brevier von Jean d'Amboise, Ende 15./Anfang 16. Jahrhundert. Dieses Bild illustriert den Monat Januar. Ikonographisch steht es durch das Thema „Essen" in derselben Tradition wie das Monatsbild Januar im Stundenbuch des Duc de Berry (Abb. S. 7)
Chaumont, Bibliothèque Municipale.

MAKKARONI NACH SIZILIANISCHER ART

Nimm hochfeines Mehl und vermenge es mit Eiweiß und Rosenwasser oder gemeinem Wasser. Willst Du zwei Portionen bereiten, nimm nicht mehr als das Eiweiß von ein oder zwei Eiern. Der Teig muß recht fest sein. Forme den Teig dann zu Stangen, die so lang wie Deine Hand und dünn wie Strohhalme sein sollen. Nimm dann einen handlangen oder etwas längeren Draht, der nicht dicker als ein dünnes Garn ist, lege ihn auf die Teigstange und rolle sie mit beiden Händen einmal über den Tisch. Nimm dann den Draht heraus und Du erhältst innen hohle Makkaroni. Die Makkaroni müssen in der Sonne getrocknet werden. Sie sind zwei oder drei Jahre haltbar, insbesondere wenn sie im August bereitet werden. Kochet sie in Wasser oder Fleischbrühe. Tischt sie in einer Schüssel mit reichlich geriebenem Käse, frischer Butter und milden Gewürzen auf. Auf diese Art und Weise bereitete Makkaroni müssen zwei Stunden lang gekocht werden.
Maître Martino, S. 145.

SAUCE CAMELINE ZU BEGINN DES VIERZEHNTEN JAHRHUNDERTS...

Zerstoßt Ingwer, große Mengen Zimt, Nelkenpfeffer, in Essig und Sauerwein geweichtes Brot und passiert dies alles.

...UND ZU BEGINN DES FÜNFZEHNTEN JAHRHUNDERTS

Nehmt entsprechend der Saucenmenge, die Ihr bereiten wollt, Weißbrot und röstet es über dem Feuer bis es dunkel ist. Ihr braucht Klarettwein bester Qualität sowie reichlich Essig, worin das Brot geweicht wird. Nehmt Eure Gewürze, nämlich Zimt, Ingwer, Paradieskörner, Gewürznelken, etwas Pfeffer, Muskatblüte und Muskatnuß, sowie etwas Zucker; vermischt all dies mit dem Brot und schmeckt mit einer Prise Salz ab.
Maître Chiquart, S. 173.

Obst- und Getreidehändler. Italien, 15. Jahrhundert. Obst und Gemüse waren zwei grundlegende Produkte des Lebensmittelhandels in der Stadt, die aber auch auf andere Weise bezogen werden konnten: Adlige und Bürger in der Stadt waren nicht auf den Handel angewiesen, sondern erhielten Naturalienrenten von ihren Pächtern und besaßen oft einen Obstgarten.
Modena, Biblioteca Estense.

Nahrungsmittelerzeugung und Märkte

Einen wesentlichen Teil ihrer Nahrungsmittel erzeugten die Menschen im Mittelalter selbst. Der Anteil des Eigenverbrauchs ist schwer zu schätzen, aber man weiß zum Beispiel, daß die Schweineschlachtung zu Beginn des Winters – im November oder Dezember, wie Bilder in Kalendarien belegen – die Bauern mit Fleisch und vor allem Speck für den Rest der schlechten Jahreszeit, wenn nicht sogar für das ganze Jahr versorgte. Wenn man nur Rechnungen untersuchte, würde man auch den Obstkonsum unterschätzen, denn Obst bekamen Adlige wie Bürger aus ihren eigenen Gärten. Natürlich war der Eigenverbrauch bei den Bauern am höchsten und in der Stadt, wo man stärker vom Handel abhängig war, geringer. Dieses doppelte Angewiesensein sowohl auf die eigene Produktion wie auf den Markt galt für alle Arten von Lebensmitteln: für Erzeugnisse aus dem Ackerbau, wilde Früchte (aus dem Bereich des *incultum*) und ebenso für Fleisch, Meeresfrüchte, Würzmittel oder Getränke.

Weinlese. Initiale E aus einer Handschrift von Augustinus' *De Trinitate* aus Notre-Dame de Citeaux.
Dijon, Bibliothèque Municipale.

Produkte aus dem Ackerbau

Hauptnahrungsmittel Brot

Brot, auf allen Tischen in reichlichen Mengen vorhanden, bildete das Hauptkontingent des enormen Anteils von Getreideprodukten an der Nahrung. Brot verzehrten Bauer und Grundherr, Mönch und Bürger, kurz, es war das absolute Hauptnahrungsmittel.[1] Die zentrale Rolle des Brotes beim Abendmahl – auch wenn es sich um ungesäuertes Brot handelte – machte es zu einem symbolträchtigen und obligaten Lebensmittel. Selbst in Hungerzeiten versuchte man, aus den verschiedensten und ungeeignetsten Produkten Brot herzustellen, zum Beispiel aus Hafer, Kastanien oder dicken Bohnen.

Die Herstellung von Brot, von der Mühle bis zum Backen und Verkauf, war vor allem in den Städten Spezialisten anvertraut, den Müllern, Backofenbesitzern und Bäckern. Die letzteren, in manchen Dokumenten auch „Weißbrotbäker" *(talemeliers)* genannt, organisierten sich nach und nach als Zunft, vor allem, um sich gegen die unfaire Konkurrenz von Wirten zu wehren, die sich nicht damit begnügten, Brot zu verkaufen, sondern es auch selbst herstellten.

Natürlich versuchte die Obrigkeit, die Herstellung und den Verkauf eines so grundlegenden Lebensmittels zu kontrollieren. Es gab königliche Erlasse, die die Qualität der Produktion und den Verkaufspreis festlegten. Andererseits waren die Mühlen und auf dem Lande auch die Backöfen häufig Eigentum der Grundherren, und der Zwang, dort sein Korn zu mahlen oder sein Brot backen zu lassen, war natürlich mit einer Gebühr verbunden. Noch im 14. Jahrhundert besaß der Bischof von Paris zahlreiche Mühlen an der Brücke, welche die Ile de la Cité mit dem linken Seine-Ufer verband, so daß man sie einfach „Brücke der Bischofsmühlen" nannte, während verschiedene kirchliche Einrichtungen sich die zehn Mühlen am Grand Pont teilten.[2]

Das heißt jedoch nicht, daß es keine häusliche Brotherstellung mehr gegeben hätte. Die Klöster, die einen großen Brotverbrauch hatten, besaßen ihre eigenen Bäckereien; in den großen Fürstenhäusern leitete der „Brotverwalter"

Entladen von Getreide, Mehl und Korn. Illustration zum *Livre des Ordonnances (Buch der Erlasse).* Der Getreidehandel, der die Ernährung des Volkes sichern mußte, war aufgrund seiner außerordentlichen volkswirtschaftlichen Bedeutung Gegenstand zahlreicher Reglementierungen, die vom König oder (in Paris) vom Bürgermeister erlassen wurden.
Paris, Musée Carnavalet.

▷ *Ernte.* Monatsbild Juli, Fassadenrelief, 13. Jahrhundert. Das Getreide wurde mit der Sichel geschnitten, wobei man die Ähren in der Hand hielt, damit die Körner nicht auf dem Boden verstreut wurde. Die hohen Stoppeln dienten anschließend als Viehfutter. Aber die Erträge waren gering; die Ernte blieb stets gefährdet.
Amiens, Kathedrale Notre-Dame.

▷ *Bäuerliches Leben.* Holzschnitt aus einer Ausgabe von Vergils *Aeneis.* Darstellungen bäuerlicher Küchen wie hier sind selten. Noch seltener sieht man in diesen Küchen einen Backofen, denn er war im allgemeinen dem Grundherrn vorbehalten.

(panetier) eine ganze Mannschaft von Dienern, und so verhielt es sich auch bei einfacheren Grundherren. Man mußte jedoch keinen Backofen besitzen, um sein eigenes Brot essen zu können; die Bürger in den Städten ließen den zu Hause gekneteten Teig im öffentlichen Backofen backen oder bekamen im Austausch gegen abgeliefertes Korn vom Bäcker eine bestimmte Menge an Brot. Außerdem konnte man Brot auch ohne Backofen herstellen, indem man den Teig unter heißer Asche (wie bei der flachen *fouace*), in einem hermetisch verschlossenen Tontopf oder sogar in einer Pfanne garen ließ. Man bekam so eine Art flachen, runden Getreidekuchen, der jedoch trocken war; häufig mußte man Öl hinzugeben.

Wie sah das Brot aus, das die mittelalterlichen Verbraucher beim Bäcker kaufen konnten? Dank der Fortschritte in der Landwirtschaft seit dem 11. Jahrhundert war es fast immer Weizenbrot. Dinkel, den es auf karolingischen Gütern vor allem gegeben hatte, war fast völlig verschwunden. Brot aus anderen Getreidesorten spielte nur noch eine sehr untergeordnete Rolle: Im Westen oder in Mittelfrankreich hielt sich zwar auch noch Brot aus Roggen oder Gemengsaat (eine Mischung aus Weizen und Roggen), aber Gersten- oder Haferbrot waren für das Vieh bestimmt. In Hungerjahren griff man jedoch darauf zurück. Zu normalen Zeiten galten diese Brotsorten als Asketennahrung.

Das Brot im Mittelalter war rund. Die Form der Laibe variierte von der Brotkugel (bei kleinen Broten) bis zum großen Halblaib. Denn auch wenn der Preis für einen Laib Brot stabil blieb, veränderte sich das Gewicht doch beträchtlich; je nach den starken Schwankungen des Getreidepreises war es größer oder kleiner. Oft waren die Laibe mit einem Siegel des Bäckers versehen, mit seinen Initialen oder irgendeinem Zeichen (Lilie, Halbmond...), an dem man ihn erkannte. Und schließlich muß man noch sagen, daß das Brot nicht gesalzen war. Vielleicht war das eine Folge der Salzsteuer, denn in England, wo Salz nicht besteuert wurde, salzte man den Brotteig.

Doch Brot war nicht gleich Brot. Im allgemeinen stellten die Bäcker drei Sorten her, die jeweils für verschiedene soziale Klassen bestimmt waren. Das „Feinschmeckerbrot“, ein sehr weißes Brot aus feinstem Auszugsmehl, war anspruchsvollen Mägen vorbehalten – manchmal nannte man es auch „Domherrenbrot“ *(pain de chanoine).* Das „Stadtbrot“ aus weniger fein gesiebtem Mahlgut war – wie der Name schon andeutet – die meistverbreitete Variante, die tägliche Kost des Durchschnittsbürgers wie etwa einfache Kanzlisten, Kaufleute, wohlhabende Handwerker. So ist es logisch, daß man es auch „Bürgerbrot“ nannte. Das „Brot mit allem“, in dem man auch Kleie fand, entsprach unserem heutigen Vollkornbrot. Dieses schwere, dunkle und grobe Brot war nach einer für das mittelalterliche Denken typischen Homologie für die niederen Arbeiter bestimmt.

Die Bäcker der damaligen Zeit ließen sich aber auch verschiedene andere Backwaren einfallen. An den Ständen normannischer Bäcker gab es am Ende des 15. Jahrhunderts alle Arten von „Kuchen“ (den man zu dieser Zeit noch nicht klar vom Brot im eigentlichen Sinne unterschied): die in Asche gebackene *fouace* und das Scheibenbrot, beides eher eine Art Pfannkuchen, oder die *sermineaux,* die *cornuaux*

Ein Müller bringt sein Korn zur Mühle. Miniatur aus einem Bestiarium, Mitte 13. Jahrhundert. Auf dem Land waren Mühle und Backofen Eigentum des Grundherrn; die Bauern mußten für die Nutzung eine „Zwangsgerechtigkeit" entrichten.
Oxford, Bodleian Library.

(eine Art Hörnchen) und die *craquelins* (knusprige Biskuits), die man in der Normandie auch noch heutzutage findet. Weiter gab es eine Art Windbeutel, deren flachgerollter Teig in heißem Wasser gekocht wurde, bevor er in den Ofen kam, und Oblaten, leichte Kuchen, die in einem Waffeleisen gebacken wurden.

Brot verwendete man auf hunderterlei Weise. Es war die tägliche Kost der Bauern, aber auch der Seeleute, die auf ihre Reisen Biskuits mitnahmen (der Name bedeutet „zweimal gebackenes" Brot, das auch tatsächlich zweimal hintereinander in den Ofen kam). In Wirtshäusern wurden „belegte Brote", mit ein wenig Speck etwa, serviert. Es gab die sogenannten „Suppen", Brotscheiben von schlechter Qualität, die man in die Suppe tauchte. An adligen und bürgerlichen Tischen nannte man die Brotscheiben, die man mit Fleischstücken belegte oder zum Auftunken der Sauce benutzte, *tranchoirs.* So mit Sauce durchtränkt, gab man sie den Hunden... oder den Armen! Man kann daher vermuten, daß die Reichen nicht das ganze Brot aßen, das ihnen zur Verfügung stand.

Vom Halm zum Korn. Miniatur aus einer Handschrift des *Buches über den Feldertrag,* 15. Jahrhundert. In einem Schuppen des Grundherrn wird Getreide bearbeitet. Zahlreiche Abhandlungen über den Ackerbau sind ein Beleg für das gewachsene Interesse der Grundbesitzer an landwirtschaftlichen Verbesserungen. Am bekanntesten wurde das *Buch über den Feldertrag* des Italieners Piero de Crescenzi.

Paris, Bibliothèque Nationale.

Spargelernte. Miniatur aus der Pariser Handschrift des *Tacuinum sanitatis,* 15. Jahrhundert. Gemüse, Wurzeln und Kräuter waren zugleich Feldfrüchte und Gartenfrüchte. Viele mittelalterliche Städte waren von Gemüsegärten umgeben. Das *Tacuinum sanitatis* vermerkt zum Spargel: „Vorzuziehen: frischer, dessen Spitzen sich zur Erde neigen. Nutzen: er stärkt die geschlechtliche Potenz und öffnet Verstopfungen. Schaden: er schadet den Magengeweben. Verhütung des Schadens: wenn er gekocht ist, soll er mit Salzwasser und Essig genossen werden."
Paris, Bibliothèque Nationale.

◁ *Karottenernte.* Miniatur aus einer Handschrift des *Tacuinum sanitatis,* 15. Jahrhundert. Weil Gemüse in oder auf der Erde wuchs, galt es bei den Ärzten als typisch bäuerliches Nahrungsmittel. Getreide und Gemüse waren in der Tat die Grundnahrungsmittel der Bauern.
Rouen, Bibliothèque Municipale.

Das Gemüse der Armen

Bei den damaligen Ärzten hatte pflanzliche Nahrung keinen guten Ruf. Sie galt im Vergleich zu Brot und Fleisch als wenig nahrhaft, und die Fachwissenschaft gestattete lediglich Mandeln, Nüsse, Feigen, Weintrauben, Melonen und Kirschen. Überdies sollte man diese Produkte zu Beginn der Malzeit verzehren, damit sie nicht die Verdauung beeinträchtigten.[3]

Doch Obst und Gemüse hatten keineswegs denselben sozialen Wert. Während Obst durchaus Bestandteil der adligen Kost sein konnte, galt dies auf keinen Fall für Wurzelgemüse oder Kräuter, typische Nahrungsmittel der Armen. Wenn die Schreiber im Dienste der Herrschenden einen Bauern darstellen, so stets als einen Menschen, der Knoblauch, Lauch und Zwiebeln ißt. Sicherlich war das nicht nur ein literarisches Klischee. Diese Gartenprodukte bildeten vermutlich einen wesentlichen Teil der bäuerlichen Kost, von der Zwiebel, die der Bauer zusammen mit einem Brotlaib auf das Feld mitnahm, bis hin zur Kohlsuppe, die ihn bei seiner Rückkehr erwartete. Dazu kamen noch die Hülsenfrüchte, die auf dem Feld angebaut wurden, dicke Bohnen,

Lauchanbau. Miniatur aus einer Handschrift des *Tacuinum sanitatis*, 15. Jahrhundert. Lauch, Knoblauch und Zwiebeln waren Symbole bäuerlicher Kost, die von den herrschenden Klassen verachtet wurde.
Rouen, Bibliothèque Municipale.

EINFACHE UNGEBUNDENE SUPPE OHNE GEWÜRZE VON WEISSEM LAUCH

Weisser Lauch wird so genannt, weil er aus den hellen Teilen des Lauchstengels besteht; er wird in Herbst und Winter an *Fleischtagen* [d.h. außer an Fastentagen] zu Schweinefinne, Blutwurst und Schinken gegessen. Wohlgemerkt darf er nur mit Schweinefett bereitet werden. Zunächst verliest man, schneidet ihn in feine Scheiben, wäscht diese und entfernt die dunklen Teile - zumindest im Sommer, wenn es jungen Lauch gibt. Im Winter hingegegen, wenn der Lauch älter und holzig ist, muß man ihn blanchieren, anstatt die grünen Teile zu entfernen. An *Fischtagen* [Fastentagen] verfährt man zunächst wie soeben beschrieben und muß dann den Lauch mit heißem Wasser in einen Topf geben und so garen. Bratet ihn mit feingeschnittenen und geschmelzten Zwiebeln an und kocht dies zusammen weiter. An *Fleischtagen* oder außerhalb der Fastenzeit verwendet Kuhmilch. An *Fischtagen* oder während der Fastenzeit gibt man Mandelmilch zu. An *Fleischtagen* wird der Lauch, nachdem er im Sommer wie vorher erläutert von den grünen Teilen befreit bzw. im Winter blanchiert wurde, in einem Topf mit einer Brühe von Gepökeltem oder von Schweinefleisch nebst Speck gegart.
Ménagier de Paris, S. 261.

Melonen. Miniatur aus einer Handschrift des *Tacuinum sanitatis*, 15. Jahrhundert. Melonen galten als zweideutige Früchte, weil sie am Boden wuchsen und von feuchter, kalter Natur waren. Generell alle Kürbisgewächse wurden von den Ärzten mit großem Mißtrauen betrachtet – nur im Sommer und zu Beginn der Mahlzeit durfte man sie essen.

Rouen, Bibliothèque Municipale.

Feigenbaum. Kalenderskulptur aus Italien, 13. Jahrhundert, Monat August. Feigen gehörten in Italien zu den am meisten geschätzten Früchten.
Ferrara, Museo Cattedrale.

▷ *Apfel- und Birnenernte.* Miniatur aus dem Kalendarium des Stundenbuchs der Herzogin von Burgund, Monatsbild Oktober, um 1450. Anders als Gemüse galt Obst, das auf Bäumen wächst, als geeignet für vornehme Mägen.
Chantilly, Musée Condé.

Erbsen und Linsen, über die ein Autor doch tatsächlich geschrieben hat, sie erklärten die „Dynamik" des 10. Jahrhunderts!

Doch der Verzehr von Gemüse war dennoch nicht nur auf die bäuerliche Welt beschränkt. Das sozusagen tägliche (302 Tage pro Jahr) Menü der Schüler des *Studium papale* in Trets bestand ebenfalls aus einer Gemüsesuppe, zumeist aus Kohl (125mal im Jahr!) oder aus Spinat, dicken Bohnen, Lauch, Zwiebeln, Kichererbsen, Kürbissen, Linsen und Rüben. Pürees aus Hülsenfrüchten gehörten ebenfalls zur Grundlage der Mönchskost.

Auch Arbeiter, einfache Handwerker in der Stadt und sogar Bürger verachteten Gemüse nicht, und der *Ménagier de Paris* übermittelt uns sehr einfache Rezepte von „gewöhnlichen Suppen ohne Gewürze und Bindemittel". Verzeichnisse von Gemüsegärten, die um die Stadt herum und manchmal sogar innerhalb der Mauern angelegt waren, teilen uns mit, welche pflanzlichen Produkte für den städtischen Markt bestimmt waren. In einem Garten in Aix-en-Provence wurden 1445 Weiß- und Grünkohl, Spinat, Lauch, dicke Bohnen, Petersilie, Kopfsalat, Knoblauch, Pastinak, Borretsch und schließlich Zwiebeln (der Autor des Inventars unterscheidet vier Sorten) angebaut.[4]

Edle Früchte

Während Wurzelgemüse und Kräuter, die im oder am Boden wuchsen, als derb und bäurisch galten, kamen die Früchte der Bäume den höheren Klassen der Gesellschaft zu. Man könnte sogar sagen, je höher man steigen muß, um eine Frucht zu ernten, desto besser ist sie! Daher rieten die Ärzte, sich vor Erdbeeren und Melonen zu hüten, denn da diese Früchte nicht auf Obstbäumen wuchsen, war ihre Natur zweideutig.

Wie es auch sei, auf jeden Fall konnte Obst bis zu zehn Prozent der Nahrung des Adels ausmachen. Die Signori von Florenz, die den Stadtstaat regierten, hatten eine große Vorliebe für Wal- und Haselnüsse, Mandeln, gedörrte Feigen und Weintrauben und verzehrten solche Trockenfrüchte das ganze Jahr über. Zu diesem Minimum kamen noch die saisonalen Ausgaben für frisches Obst: Kirschen, Feigen, Weintrauben, Äpfel und Birnen. Allerdings waren diese Produkte eher teuer: Ein Pfund gedörrte Feigen, die im Vergleich zu Mandeln oder vor allem zu Pinienkernen noch billig waren, kostete ebensoviel, wenn nicht sogar mehr als ein Pfund Schweinefleisch. Dieselben florentinischen Signori, mit denen Allen Grieco sich in seiner Untersuchung befaßt, aßen zu jeder Jahreszeit Orangen, die ebenfalls sehr teuer waren; hier kann man von einen ostentativen Konsum von Luxusfrüchten sprechen.

Daß Obst ein edles Produkt war, belegt auch die Novelle, in der ein Landeigentümer, der einen Bauern beim Obststehlen erwischt, ihn anherrscht: „Das nächste Mal laß die Finger von Früchten für Leute wie mich und iß die, die dir zukommen, nämlich Rüben, Knoblauch, Lauch, Zwiebeln und Schalotten." Der Verzehr von Obst hing sehr viel stärker vom Besitz eines Obstgartens ab als von einem unsicheren „Früchtesammeln", bei dem die Erträge für die Bauern immer geringer wurden.

Apfelernte. Miniatur aus einer Handschrift des *Rustican* von Pierre de Crescens, um 1460. Das Herunterschlagen und Aufsammeln der Äpfel war eine Arbeit der gesamten Dorfgemeinschaft.
Chantilly, Musée Condé.

▷ *Vögel.* Miniatur aus einer Handschrift des *Livre des Propriétés des choses (Buch über die Eigenschaften der Dinge)* des Barthélémy l'Anglais, 15. Jahrhundert. Wildes oder zahmes Geflügel war für den Tisch der Vornehmen bestimmt. Kapaune, Hühner, Enten und Schwäne wurden häufig verzehrt, der Pfau dagegen galt als ein Geflügel, dessen Genuß einen besonders hohen sozialen Rang verrät. Das *Buch über die Eigenschaften der Dinge* war die in der damaligen Zeit am meisten verbreitete Enzyklopädie, vor allem in der französischen Übersetzung Jean Corbechons.
Paris, Bibliothèque Nationale.

Die Schätze des *incultum*

Nicht kultivierte Bereiche wie Wälder, Heideland oder Sümpfe, in denen man Naturprodukte aller Art finden konnte, waren im Spätmittelalter sicher noch sehr ausgedehnt. Doch dieses *incultum* war aufgrund sehr häufiger Rodungen, die seit dem 11. Jahrhundert eine Begleiterscheinung des Bevölkerungswachstums waren, stark im Schwinden. Wo es nur irgendwie möglich war, säte man Getreide: auf Berghängen, die man heute den Schafen überläßt, auf dem trockenen Boden des Po-Tales und an ähnlich ungünstigen Orten. So wurde die Ernährung der Bauern, die nun fast ausschließlich aus Getreideprodukten bestand, weniger abwechslungsreich als die ihrer Vorfahren. Angesichts dieser Verringerung von unbebauten, aber einträglichen Flächen nahm die Oberschicht den Ertrag von Wäldern, Kaninchen-

revieren oder Teichen nach und nach ausschließlich für sich selbst in Anspruch. Den Bauern blieb nur ein äußerst eingeschränktes Nutzungsrecht, für das sie entsprechende Gebühren entrichten mußten.[5]

Wilde Vögel

Die Menschen im Mittelalter blieben also „Räuber". Die Ausbeute der Jagd war ein wichtiger Bestandteil in der Küche des Adels; sie sorgte für Vielfalt. Sicher war die Jagd ein Sport, eine Übung für den Krieg und eine Zurschaustellung männlicher Tugenden, aber sie hatte auch prosaischere Gründe. Ein Adliger war es sich schuldig, daß an seiner Tafel Wild aller Arten aufgetischt wurde: große und kleine Säugetiere, und vor allem Vögel.

Archäologen konnten sage und schreibe 41 verschiedene Arten von Wildvögeln identifizieren, die von den Mönchen des Klosters Charité-sur-Loire verzehrt wurden, darunter auch einige, die uns sehr überraschend erscheinen, wie Raben, Krähen und Dohlen. Auch in den Kochbüchern finden sich Rezepte für mannigfaltige Geflügelsorten; außer den „klassischen" wie Wildente, Wildgans, Fasan, Rebhuhn oder Schnepfe werden im *Viandier* erwähnt: Reiher, Rohrdommel, Kormoran, Storch, Elster und viele andere mehr. Es handelte sich hier um eine Ernährung, die im Bemühen um Vielfalt alle Schätze eines reichhaltigen Biotops für sich nutzte.[6] Überdies war der Verzehr von Wildvögeln etwas ganz Besonderes, weil die Vogeljagd als die kunstvollste Jagdform galt. Die Falknerei, für die zahlreiche Handbücher verfaßt wurden (u. a. von Kaiser Friedrich II.), war das aristokratische Freizeitvergnügen par excellence.

REZEPTE AUS DEM *VIANDIER* FÜR DIE ZUBEREITUNG VON WILDGEFLÜGEL

Fasanen. Trocken rupfen, spicken oder aufspießen. Sie sollten in heißem Wasser gedämpft, dann gebraten werden - mitsamt Schwanz und Kopf. Will man ihnen Schwanz und Hals abschneiden, sollte man diese nach dem Garen wieder am Rumpf befestigen.

Storchen. Trocken rupfen, in kochendes Wasser werfen; schneidet die Flügel ab, belaßt hingegen Beine und Kopf. Aufspießen und über dem Feuer gut braten. Mit feinem Salz abschmecken.

Wilderpel. Trocken rupfen; Hals, Beine und Flügel abschneiden und braten. Bereitet eine *Dodine*sauce aus Speck, Sauerwein - oder gemeinem Wein - und gemahlenen Gewürzen, die über geröstetes Brot gegeben wird. Oder aber den Erpel vierteilen und gemeinsam mit der *Dodine*sauce garen.
Viandier de Sion, S. 90.

ZUBEREITUNG VON NEUNAUGEN

Man sollte wissen, daß manche das Neunauge ausbluten lassen, bevor sie es überbrühen, und daß andere es überbrühen, bevor sie es ausbluten lassen oder erhitzen. Zum Ausbluten wascht Euch gut die Hände, schneidet das Maul ein [...] und reißt mit den Fingern die Zunge heraus. Laßt das Blut in ein Gefäß fließen und steckt einen kleinen Spieß ins Maul, auf daß es besser ausblutet. Sind Eure Finger oder Hände mit Blut befleckt, wascht sie genau wie die Schnitte mit Essig und gießt ihn ebenfalls in das Gefäß. Bewahrt das Blut gut auf, denn es kommt Fett gleich. Zum Überbrühen halte man sprudelnd kochendes Wasser auf dem Feuer bereit und überbrühe das Neunauge wie einen Aal. Mit Hilfe eines Messers, das nicht spitz sein sollte, entschuppt es und schabt das Maul innen sauber aus. Spießt dann das Neunauge auf und grillt es behutsam.
Ménagier de Paris, S. 235.

◁ *Straße mit Kaufmannsläden.* Fresko von Ambrogio Lorenzetti (1285 bis um 1348), *Die gute Regierung*, Ausschnitt. In der Stadt mit ihren vielen Geschäften gab es ein breites Nahrungsmittelangebot.
Siena, Palazzo Pubblico.

Vögel im allgemeinen wurden für „edle“ Gerichte gehalten. Die Unterscheidung zwischen Wild- und Hausgeflügel ist hier im übrigen wenig sachdienlich, da viele heutzutage wilde Vögel im Mittelalter gezüchtet wurden (Fasan, Rebhuhn, Turteltaube). Ob wild oder gezüchtet, Geflügel wurde von den Ernährungslehren der Zeit den müßigen Oberschichten vorbehalten, die keine schweren, nahrhaften Speisen nötig hatten. Der Verzehr von Kapaunen oder Rebhühnern war daher ein Zeichen für Luxus, ja für Ausschweifung, das sowohl von den Gesetzen gegen den Luxus wie von Predigern und Moralisten gegeißelt wurde. König des edlen Geflügels war der Pfau, auf dessen Rolle bei manchen Banketten das Kapitel *Rituale und Bräuche bei Tisch* eingehen wird. Sorgfältig zubereitet und geschmückt mit seinen bunten Federn, war er kennzeichnend für die aristokratische Tafel und mit den Pfauengelübden Symbol äußerster Verfeinerung.[7]

Süßwasserfische

Der Adel war darauf bedacht, sich neben dem Jagdrecht auch das Fischrecht in Teichen und Flüssen zu sichern. Allerdings wurden aufgrund der Zwänge während der Fastenzeit Süßwasserfische, die Meeresfischen mäßiger Qualität gegenüber wenigstens den Vorteil hatten, frisch zu sein, von allen Mitgliedern der Gesellschaft reichlich verzehrt. Ein königlicher Erlaß von 1326 vermittelt eine Vorstellung von der Vielfalt der Netze, Reusen und Angeln, mit den die Bauern versuchten, sich Rotaugen, Barben, Karpfen, Schleie, Brassen, Hechte, Forellen, Häslinge, Barsche und Aale zu beschaffen.

Das Arsenal an bäuerlichen Listen konnte dazu führen, daß manche Arten seltener wurden. Während zum Beispiel der Lachs im 11. und 12. Jahrhundert in der Normandie so verbreitet war, daß die Tagelöhner sich darüber beklagten, sie bekämen ihn zu oft vorgesetzt, nahmen seine Bestände gegen Ende des Mittelalters immer mehr ab. Damit stieg natürlich sein Preis. Während Lachs um 1260 nicht mehr kostete als ein Rebhuhn, mußte man 1410 das Vierfache bezahlen. Der französische Hof importierte seinen Lachsbedarf nun aus Burgund, Schottland und Irland.[8] Lachs war zu einem Luxusprodukt geworden, ähnlich wie das Neunauge, von dem uns die Kochbücher der Zeit zahlreiche Rezepte übermitteln.

Die Obrigkeit wollte den Fischfang daher reglementieren, indem sie die allzu erfolgreichen Geräte abschaffte und die Fischer zwang, genügend große Öffnungen in den Reusen zu schaffen, damit die Setzlinge hindurchschlüpfen konnten – hatte man einen gefangen, mußte man ihn wieder ins Wasser werfen –, und schließlich, indem sie das Fischen während der Laichzeit Mitte April bis Mitte Mai verbot. Das Fischen in Weihern wurde eine Angelegenheit des Staates, wofür zum Beispiel die Beamten des Herzogs von Burgund, begleitet von Schreibern und Fischern, während der Fastenzeit verantwortlich waren.

Jagd und Fischfang. Miniatur aus einer Handschrift der *Regierung des Justinians*, 13. Jahrhundert. Die Ausbeute des unbebauten Landes war im Spätmittelalter fast ausschließlich den Grundherren vorbehalten.

Padua.

MOUS VONN VISCHEN (FISCHBREI)

Ein Rezept aus der Klosterküche zu Tegernsee:
Ein Kilo Fisch (Forelle, Schleie, Hecht oder Zander) waschen, enthäuten, entgräten und das Fleisch fein wiegen. Die Fischabfälle (ohne Kopf und Galle) in Wasser mit einer Prise Salz und einem Kräutersträußchen aufkochen und eine Viertelstunde ziehen lassen. Währenddessen Mandelmilch aus einem halben Liter Milch und einer Handvoll Mandeln kochen. Darin Weißbrotscheiben einweichen. Die Fischbrühe durch ein feines Sieb passieren. Eine Handvoll Reis eine Viertelstunde kochen lassen. Fischfleisch, Weißbrot, Reis durch ein grobes Sieb in den Fischsud passieren. Unter ständigem Rühren nochmals aufkochen und mit der Mandelmilch zu einem Brei anmachen.
nach: Wie man eyn teutsches Mannsbild ..., S. 31.

Szenen aus der Bienenzucht. Süditalien, Exultetrolle, 11. Jahrhundert. Die Honigernte war ebenfalls eine Möglichkeit, sich „wilde" Produkte anzueignen.
Bari, Schatzkammer der Kathedrale.

Zusätzliche Nahrungsmittel

Wie vielfältig die Menschen im Mittelalter, vor allem die Bauern, das nichtbebaute Land nutzten, hat wenig Spuren hinterlassen. Zweifellos lieferten wilde Früchte und Beeren eine nicht zu verachtende Zusatzkost, vor allem in Hungerzeiten. Ein Text aus dem 12. Jahrhundert teilt uns mit, daß man aus grünen, wilden Äpfeln eine saure Sauce herstellen konnte, eine ideale Zutat zu Rindfleisch.

Einer der wichtigsten Schätze, welche die Natur bot, war Honig. Die Imkerei, bereits seit der Antike bekannt, stellte kaum ein Problem dar. Honig war daher leicht zu bekommen und preiswert. Für die Masse der Bevölkerung war er lange das einzig verfügbare Süßmittel. Auch im östlichen und germanischen Europa war Honig sehr beliebt; in deutschen Kochbüchern wurde anstelle von Zucker ausschließlich Honig verwendet, und es sind einige Rezepte erhalten, in denen er besonders den Deutschen oder den Böhmen empfohlen wird.[9]

Die Viehzucht

Die Herden der Bauern waren in der Regel nicht groß, da die Energie ihrer Besitzer fast ausschließlich auf die Produktion von Getreide verwendet wurde, das ja das wesentliche Grundnahrungsmittel war. Doch im Spätmittelalter entwickelte sich die Viehzucht rapide. Wie Georges Duby geschrieben hat, „begünstigten der Bevölkerungsrückgang, die Zunahme von freien Flächen und der Mangel an Arbeitskräften [...] die Orientierung hin zu einer Weidewirtschaft"[10].

Viehzucht war ein spekulativer Wirtschaftszweig, dessen Ertrag höher lag als jener der Getreidewirtschaft: In acht Pfarreien in der Gegend von Vence zählte man 1471 mehr als 25 000 Schafe und 1100 Stück Hornvieh, das heißt, mehr als hundert Stück Vieh pro Familie. Die Bewachung der Herden wurde gesichert von den Grundherren, den Stadtbürgern oder den einflußreichen Metzgern, von denen noch die Rede sein wird.

Die Viehzucht war nicht allein auf die Produktion von Fleisch oder Milch ausgerichtet. Die großen Schafherden der Zisterzienserklöster dienten wohl weniger der Lebensmittelversorgung als der Herstellung von Wolle und Pergament. Doch die Entwicklung der Viehzucht war auch die Antwort auf eine immer stärkere Nachfrage städtischer Verbraucher nach Fleisch (vgl. Kapitel *Die Tafeln der Reichen und die Kost der Armen*). So kamen die Metzger zu Vermögen. Zusammen mit den Tuchhändlern, Apothekern und Badern gehörten sie zu den reichsten Handwerkern und Kaufleuten von Carpentras, besaßen Häuser, Land und Herden und verkauften nicht nur Fleisch, sondern auch Vieh und sogar Fische. Die große Pariser Metzgerzunft war zu Beginn des

Herden. Miniatur aus einer Handschrift des *Rustican* von Pierre de Crescens, um 1460. Dargestellt sind Schafe, Rinder und Schweine – die wichtigsten Schlachttiere im mittelalterlichen Abendland.

Chantilly, Musée Condé.

EINE RAUHE SAUCE

Die Leute aus dem Poitou sind ganz erpicht auf ein gemeines Gericht, das aus Rindfleisch bereitet wird. Zu Fleisch dieser Art essen sie Pfeffer und Knoblauch, die zusammen im Mörser zerstoßen und entweder mit dem Saft wilder Äpfel vermischt werden, oder aber mit dem Saft von Weinreben oder mit Likör aus jungen Trauben.
Raoul Diceto, Ymagines Historiarum, Ende des 12. Jahrhunderts.

PASTETE MIT MILCH UND HONIG

Nimm frische Milch und lasse sie so lange auf dem Feuer, bis sie eindickt. Nimm daraufhin frischen Käse, den du mit Mehl und feinen Gewürzen mengst, um daraus Teig zu bereiten. Der Teig wird flach und breit gedrückt, mit der Milch gefüllt und in einer Pfanne mit heißem Fett gebacken. Wenn die Pastete gar ist, bestreiche sie mit Milch und Zucker. Dieses Gericht wird Schwaben und Bayern schmecken.
Registrum Coquine, Nr. 39.

SPEISEN VOM SCHWEIN:
ZUBEREITUNG VON BLUTWÜRSTEN

Fanget das Schweineblut in einem großen Trog oder einer Pfanne auf. Nachdem man sorgsam das Geschlinge [Leber, Lunge, Herz und Zunge] herausgenommen, gewaschen und mit Wasser aufs Feuer gesetzt hat, die Blutklumpen, die sich am Boden des Bottichs abgesetzt haben, herausnehmen und wegwerfen. Daraufhin sind geschälte und feingeschnittene Zwiebeln vonnöten, deren Quantum die Hälfte der Blutmenge ausmachen sollte. Fürderhin die Hälfte des Fetts zwischen den Gedärmen, das in feine Würfel geschnitten und mit etwas zerstoßenem Salz vermengt wird. Gebet all dies zum Blut. Dann braucht Ihr Ingwer, Gewürznelken und etwas Pfeffer; die Gewürze werden allesamt im Mörser zerstoßen. Nehmt daraufhin die feinen Gedärme, die gut gewaschen, gewendet und in fließendes Wasser getaucht werden. Um die Därme von ihrem Geruch zu befreien, müssen sie zunächst unter stetem Rühren in einer Pfanne gekocht werden. Gebt Salz zu, wiederholt das noch einmal, dann ein weiteres Mal, und wascht sie dann aus. Wendet sie anschließend und legt sie zum Trocknen auf ein Tuch, wobei sie fest gedrückt werden, um sie tatsächlich vom Wasser zu befreien.
Nachdem Ihr die weiteren Zutaten in abgestimmter Menge (Zwiebeln und Blut zu gleichen Teilen und ein halbes Teil Fett) bereitet und vermengt habt und Eure Blutwürste damit gefüllt sind, kocht sie in einer Pfanne mit der Brühe vom Geschlinge. Stecht sie mit einer Nadel an, wenn sie sich blähen, andernfalls platzen sie. Wohlgemerkt kann das Blut dank der Gewürze zwei oder sogar drei Tage aufbewahrt werden. Manche geben als Gewürze Poleiminze, Bohnenkraut, Ysop und Majoran bei, die blühend gepflückt, getrocknet und zerstossen werden.
Ménagier de Paris, S. 191 f.

▷ *Die Eichelzeit.* Miniatur aus dem Stundenbuch *Les Très Riches Heures du Duc de Berry*, Monatsbild November. In den Kalendarien der Stundenbücher ist der November oft als Monat der Eicheln dargestellt, denn zu dieser Zeit trieb man die Schweine in den Wald, um sie mit Eicheln zu mästen. Dieses Nutzungsrecht der Bauern wurde von den Grundherren jedoch immer stärker eingeschränkt.
Chantilly, Musée Condé.

15. Jahrhunderts in der Lage, der königlichen Macht ihren Willen aufzuzwingen. Die Metzgergesellen und andere „Enthäuter", die den Ruf hatten, recht blutdürstig zu sein, gingen in der Tat so weit, das Palais des Dauphin auszuplündern und zwangen sogar den König, ihr Zunftzeichen (eine weiße Mütze) zu tragen und den sogenannten Caboche-Erlaß (benannt nach ihrem Führer Caboche) zu verkünden.[11]

Welche Fleischsorten aß man damals? Sicher hing das vom sozialen Milieu ab, aber auch von der Region oder der Jahreszeit.

Das Hausschwein

Auch für einfache Bauern war es ohne weiteres möglich, Schweine zu halten. Von Oktober bis Dezember fraßen die Schweine in den Gemeindewäldern Eicheln – diese „Eichelzeit" wurde häufig in Kalendarien dargestellt. Die übrige Zeit streiften die Schweine über Brachland, Felder und sogar durch die Dorfstraßen, auf der Suche nach Abfällen oder anderen Nahrungsmitteln. Doch zumeist, etwa in den Dörfern oder Kleinstädten der Provence, bestand die Herde der Bauern aus... einem einzigen Schwein![12]

Dennoch konnte dieses Schwein, wenn es gut verwendet wurde, eine Nahrungsreserve für lange Monate bilden. Zur Zeit der Schweineschlachtung im November oder Dezember wurden Blutwürste, Kochwürste und andere frische Produkte hergestellt, die rasch verzehrt werden mußten. Pökel- oder Rauchfleisch und Speck wurden im Salzfaß konserviert, aus dem man sich jeweils die nötige Menge für den täglichen Bedarf holte.

Man würde daher erwarten, auf den Müllhaufen und in den Wohnräumen des Mittelalters, die von Archäologen ausgegraben wurden, viele Schweinereste zu finden. Doch keineswegs: an manchen Orten machen solche Reste nur zehn Prozent der Abfälle aus, und für den Gesamtzeitraum hat man sogar festgestellt, daß der Anteil an Schweineknochen rückläufig im Vergleich zu Rinder- oder Hammelknochen war. Diese Tiere wurden jedoch häufiger von Metzgern geschlachtet.[13]

Rinder und Schafe als Schlachtvieh

Rinder und Schafe wurden auch zu ganz anderen Zwecken verwendet als zur Nahrungsproduktion. In der Landwirtschaft hatte das Pferd den Ochsen noch keinesfalls als Zugvieh abgelöst. Es ist daher wahrscheinlich, daß die Bauern Ochsen schlachteten, die sozusagen „Ausschuß" waren. Und Schafe betrachtete man ganz offensichtlich als Wollieferanten.

In den Auslagen der Metzger fand man vor allem Fleisch vom Hammel, Mutterschaf, Lamm oder Kalb, von Ochsen oder Kühen. Ziegenfleisch war zweitrangig, Pferdefleisch offiziell von der Kirche verboten.

Die Rechnungen der Metzgerei von Carpentras, die Louis Stouff sorgfältig untersucht hat, zeigen, daß der Verzehr der verschiedenen Fleischsorten jahreszeitlich bedingt war. Während man im Sommer vor allem Hammel aß (bis zu 79

Scorpionis.
sagittarii.
mensis.
nouembris.
Lune.
dies.
gradus.

Schweineschlachtung. Miniatur aus einem Psalter, 12. Jahrhundert. Schweine wurden häufig zu Hause geschlachtet – ein Höhepunkt im ländlichen Leben. Der hohe Stellenwert von Schweinefleisch in der bäuerlichen Ernährung – als Pökelfleisch und Speck – erklärt das dichte Netz von abergläubigen Vorstellungen, das dieses Tier umgibt.
Glasgow, University Library.

Prozent des verkauften Fleisches im Juli), verringerte sich dieser Anteil in den Folgemonaten und wich einer gleichmäßigeren Verteilung der verschiedenen Fleischsorten. Am Ende des Winters stellte das Rind manchmal mehr als die Hälfte des verzehrten Fleisches. Lamm wurde vor allem im Frühling konsumiert; die Käufe häufen sich im März und April. Das hängt sicherlich mit dem Osterfest zusammen, zudem ist uns zumindest ein Rezept für „Osterlamm" überliefert. Kälber wurden nur selten geschlachtet, und wenn, dann vor allem im August.[14]

Zartes Kalb und zähe Ochsen

Zwischen einem alten Ochsen von mehr als 200 Kilogramm, der als Zugtier nicht mehr zu gebrauchen war – und den sein Halter aufgrund des mageren Heuvorrats nicht mehr durchfüttern wollte –, und einem jungen Milchlamm von fünf Kilogramm bestand ein beträchtlicher Unterschied – der zwischen „Ausschußware" und einem teuren Fleisch von hoher Qualität.

Erneut bekräftigte die Ernährungslehre hier soziale Unterschiede. Den Verzehr der jüngsten Tiere empfahlen die Ärzte in der Tat den Adligen und Müßiggängern, während das arbeitende Volk sich mit dem „groben Fleisch" (Ochse, Hammel, Kuh) begnügen mußte, das als erdverbundener, nahrhafter und schwerer verdaulich galt. Daher bevorzugten auch die florentinischen Signori Kalbfleisch, welches doppelt so teuer war wie Ochsenfleisch, das diese Feinschmecker nur am Fastnachtsdienstag anrührten, wenn die sozialen Hierarchien vorübergehend umgestoßen wurden.[15]

Käse, Milch und Eier

Der Milchverbrauch hat in den Dokumenten nur wenig Spuren hinterlassen. Milch, die schlecht haltbar ist und an Ort und Stelle verzehrt werden muß, scheint man nur in Westfrankreich geschätzt zu haben, vor allem in der Bretagne. Im übrigen Frankreich konsumierte man öfter Käse, besonders in gebirgigen Regionen. Die Tischgenossen des Seigneur de Murol in der Auvergne etwa bekamen 27 Kilogramm Käse pro Jahr.

Manche Sorten hatten sich bereits einen gewissen Ruf erworben: Briekäse schätzte man am französischen Hof seit dem 13. Jahrhundert, und 1457 verlieh Karl VII. den Einwohnern von Roquefort eine Urkunde, die sie berechtigte, eine Steuer auf den Käse zu erheben, den die Schafzüchter der Umgebung in den Kellern der Stadt reifen ließen.[16]

Eier verzehrte man vor allem an Fastentagen. Der Landarbeiter, der die Äcker der Kirche von Bayeux eggte, verlangte als Mahlzeit ein Weißbrot, ein Mischbrot und einen Humpen Bier, außerdem drei Heringe und fünf Eier.[17]

Die Verfügbarkeit von Eiern hing natürlich von der Geflügelzucht ab. Geflügel wurde in großen Mengen gegessen, da die Ernährungsspezialisten der Zeit den Genuß von Federvieh, vor allem Kapaunen, für Personen von geringer Aktivität, Adlige und Kranke, empfahlen. Kapaune, häufig in Verbindung mit Zucker, waren nach schriftlichen Zeugnissen tatsächlich die Grundlage der Krankenkost.

Orientalische Herden. Miniatur aus einer Handschrift des *Milione (Buch der Wunder)* von Marco Polo. Neben anderen „Wundern" des Orients erzählt Marco Polo, daß Schafe, Rinder und Kamele dort mangels Weideland mit Fisch gefüttert würden. Diese Verbindung zweier Arten von Nahrungsmitteln, die im Kirchenkalender streng getrennt waren, mußte einen Christen schockieren.
Paris, Bibliothèque Nationale.

OSTERLAMM

Nimm ein Schaf und zieh es wie üblich ab. Entferne sämtliche Eingeweide und wasche es gut aus, belasse aber die Beine am Rumpf. Nimm dann Lunge und Leber heraus, die mit den anderen Eingeweiden gekocht werden sollen. Vermenge diese Zubereitung mit Petersilie, Speck, weiteren Gewürzen, Rosinen und Salz. Fülle damit das Schaf und nähe es sorgfältig zu. Manche ersetzen anläßlich dieses Festtages diese Füllung durch eine Mischung, die nur aus Eingeweiden und Kräutern besteht. Stecke zuletzt das ganze Lamm längs auf einen Speiß und dressiere die Beine, wie man es bei Hasen zu tun pflegt, damit sie sich nicht bewegen. Dieses Gericht kann auch vornehmen Leuten aufgetischt werden.
Registrum Coquine, Nr. 28.

Oua galinarum.

Getrockneter Käse. Miniatur aus dem *Tacuinum sanitatis*, 15. Jahrhundert. Das *Tacuinum sanitatis* ist eine medizinische Abhandlung arabischen Ursprungs, die jedem Nahrungsmittel seine medizinischen Qualitäten und seine Eigenschaften im Rahmen der Säftelehre zuordnet. Im Abendland war diese Schrift sehr erfolgreich, wie die zahlreichen illuminierten Handschriften belegen.
Paris, Bibliothèque Nationale.

◁ *Das Einsammeln der Eier.* Miniatur aus der Pariser Handschrift des *Tacuinum sanitatis*, 15. Jahrhundert. Eier spielten in der Ernährung an Fastentagen, vor allem in den Monaten nach der langen Fastenzeit, eine große Rolle.
Paris, Bibliothèque Nationale.

KRANKENSPEISE: PÜREE VOM HUHN

Kocht es in Wasser, bis es durch und durch weich ist, und zerstoßt es mitsamt der Knochen in einem Mörser. Rührt es mit Eurer Brühe an, passiert es und bringt es zum Kochen. Nach Belieben mit Zucker bestreuen. Das Püree darf nicht zu dick sein.
Viandier de la Bibliothèque nationale, S. 24.

Fischer. Der Fischfang illustriert hier den Monat Februar. Zu dieser Zeit hatten die Fischer aufgrund der Fastenzeit auch tatsächlich am meisten zu tun.
London, British Library.

Meeresfrüchte

Im christlichen Denken hatte der Fisch einen hohen Symbolwert. Das griechische Wort für Fisch (*ichthus*) setzt sich zusammen aus den Initialen eines Satzes mit folgender Bedeutung: „Jesus Christus, Sohn Gottes und Erlöser"; und Christus hatte Fisch ebenso vermehrt wie Brot. Die Mehrzahl der Gläubigen aber betrachtete Fisch vor allem als lästigen Zwang. Denn während der gesamten Fastenzeit, zu bestimmten Kirchenfesten und an mindestens zwei Tage pro Woche mußten sie sich mit gedörrten Heringen oder eingesalzenem Fisch begnügen.[18]

Frischer Fisch von hoher Qualität

Wie bereits weiter oben erwähnt, versuchten die Besitzer von Weihern oder Bächen, den Fischertrag für sich selbst zu behalten. Daher war frischer Fisch sonst nur für Küstenbewohner zugänglich. In dieser Hinsicht war eine Region wie Katalonien privilegiert. Ein Kochbuch aus dem 14. Jahrhundert zählt 56 verschiedene Meeresfischarten auf – mit Hinweisen, zu welcher Jahreszeit man sie fing –, dazu kamen noch fünf Arten von Schalentieren.

Die Pariser konnten nicht behaupten, daß sie auf dem Fischmarkt in der Nähe des Grand Pont eine solche Vielfalt vorgefunden hätten. Dort verkaufte man Lachs, Delphin, Rochen, Hering, Scholle, Knurrhahn und Merlan. Doch trotz der Berufsbestimmungen, die es den Fischhändlern vorschrieben, den Fisch zu verkaufen, sobald er nach Paris kam, war er bei weitem nicht so frisch, wie es wünschenswert gewesen wäre.

Die Transportbedingungen der damaligen Zeit erklären natürlich, daß der Fisch häufig verdorben war, selbst wenn man ein wenig Salz in die Körbe gab, um die Fäulnis aufzuhalten. Das machten wahrscheinlich auch die Fischhändler, die Renard auf seinem Wege traf und denen er die Aale stahl. Es ist bezeichnend, daß Orte, die weit vom Meer entfernt waren, im Sommer nicht einmal mehr beliefert wurden, so riskant erschien das Resultat. Frischer Fisch war notwendigerweise sehr teuer.

Eine Preisliste aus Grasse von 1463 verrät eine interessante Hierarchie der Preise und daher wahrscheinlich auch der Geschmäcker: An der Spitze standen Goldbrasse, Meerbrasse, Zahnbrasse, Seewolf, Knurrhahn und Seebarbe, die das Zweieinhalbfache von Sardinen, 60 Prozent mehr als Sardellen und 25 Prozent mehr als Lengfische kosteten. Urteilt man nach den Kochbüchern, bevorzugte der Adel in Nordfrankreich vor allem das Neunauge, das sowohl im Meer als auch in Flüssen vorkam.[19]

Der großen Masse stand frischer Meeresfisch zumeist nicht zur Verfügung, sie mußte sich mit Dörrfisch oder eingesalzenem Fisch zufriedengeben.

Krebse. Miniatur aus der Wiener Handschrift des *Tacuinum sanitatis*, 15. Jahrhundert. Ein einfaches Mahl, aber in wohlhabendem Milieu, wie die Anwesenheit eines Dieners bezeugt. Das *Tacuinum sanitatis* rät, solche Krebse vorzuziehen, „die sich nahe den Ufern aufhalten, an denen gute Pflanzen wachsen, und dort, wo fließendes Wasser und steiniger Boden sind. Nutzen: sie rufen Schlaf hervor und sind gut für Hektiker und Schwindsüchtige, besonders wenn sie in Milch gekocht sind; wenn man aus ihnen und ihren Schalen Asche macht und sie ißt, oder mit Enzian gemischt trinkt, so ist das gut gegen den Biß eines tollwütigen Hundes. Schaden: sie beschweren den Kopf. Verhütung des Schadens: mit Pfeffer und Essig."

Wien, Nationalbibliothek.

GEPÖKELTER UND GETROCKNETER FISCH

Wie man Pökelheringe vom Salz befreit. Gepökelter Hering muß in kaltes Wasser gelegt werden; wässert ihn so drei Tage und drei Nächte. Sind drei Tage vergangen, muß er gewaschen und in frischem Wasser zwei weitere Tage gewässert werden. Jeden Tag muß das Wasser zweimal erneuert werden. Kleiner Hering besserer Qualität muß hingegen nicht so lange gewässert werden. Ebenso verhält es sich mit den Heringen, bei denen aufgrund ihrer Natur derartig langes Wässern nicht vonnöten ist.
Ménagier de Paris, S. 196.

Stockfisch nach deutscher Art. Nimm Stockfisch und wässere ihn eine ganze Nacht, auf daß er weich wird. Daraufhin lasse ihn kurz kochen und gieße das Kochwasser weg. Säubere den Fisch sorgfältig und gare ihn mit Zwiebeln und Petersilie zu Ende. Bestäube ihn mit Safran und anderen Gewürzen. Dieses Gericht wird Thüringern, Hessen und Schwaben munden.
Registrum Coquine, Nr. 69.

Dörrfisch für das gemeine Volk

Der riesige Bedarf an gedörrtem, geräuchertem oder eingesalzenem Fisch während der Fastenzeit und an den Fastentagen hatte eine regelrechte Industrie entstehen lassen – dies galt vor allem für den Hering. Die 174 Fischkutter von Dieppe brachten im Jahre 1477 zwischen vier und fünf Millionen Heringe an Land, davon mehr als 300 000 allein am 15. November. Dennoch waren diese Fangzüge noch nicht mit denen dänischer Fischer zu vergleichen, die bis zu 350 Millionen Heringe „aus Schonen" (unsere Ostseeheringe) hereinbringen konnten. Auch die Holländer verschickten ihre flandrischen Heringe in ganz Europa.

Manchmal wurden Heringe frisch verzehrt, doch das war eigentlich nur an der Nordseeküste möglich, selbst wenn man sie manchmal mit Algen in Kisten schichtete, um sie in die Städte des Binnenlandes zu schicken. Zumeist konservierte man den Hering für einen längeren Zeitraum. Salzheringe, auch „weiße" Heringe genannt, wurden ab dem 15. Jahrhundert direkt auf dem Schiff in Fässern eingepökelt; so konnte man auch weiter draußen auf dem offenen Meer fischen. Der sogenannte *hareng soré* (gelber Hering), unser Bückling, wurde leicht gesalzen, dann wieder entsalzen und über Buchen- oder Eichenscheiten geräuchert.

Das Räuchern verhinderte nicht nur, daß der Fisch faulte – tatsächlich verkaufte man Heringe, die älter als ein Jahr waren, wenn auch als „überfällig" bezeichnet und gesondert angeboten –, sondern verlieh ihm auch einen besonderen und delikaten Geschmack. Diese beiden Faktoren erklären, warum er während der Fastenzeit zur Nahrungsgrundlage wurde.

Auch andere Fische wurden zu diesem Zweck konserviert: Auf dem Pariser Fischmarkt gab es Stockfisch (gedörrter, eingesalzener und manchmal sogar geräucherter Kabeljau) und gepökelte Merlane und Makrelen. Nicht zu vergessen den *crapois*, eingesalzenen Wal, dessen Fett während der Fastenzeit der Speck der Armen war.

Doch der eigentliche „Symbolfisch" für die Fastenzeit war der Hering, der am häufigsten verzehrt wurde. Ganze königliche Erlasse befaßten sich mit den Verkaufsbedingungen für Hering. Daraus erfährt man, daß die Ärmsten ihre Heringe manchmal stückweise bei den *regrattiers*, kleinen Einzelhändlern, aus dem Faß kauften. Parodistische Stücke zum Lob von „Monseigneur Saint-Hareng" wurden geschrieben, und die Redewendung „keifen wie ein Fischweib" bezeichnete eine Sprache, die ebenso gesalzen war wie das verkaufte Produkt! Robert Delort prägte sogar das Wort von einer „Heringskultur"[20].

Würzstoffe und Konservierungsmittel

Die Lagerung und Konservierung von Lebensmitteln stellte in einer Zeit, die Kühlung und Pasteurisierung noch nicht kannte, ein enormes Problem dar. Waren die Techniken der Fischkonservierung wie erwähnt sehr vielfältig – Dörren, Einpökeln, verschiedene Arten des Räucherns –, so spielte bei anderen Lebensmitteln das Salz *die* zentrale Rolle.

Eine Frau findet beim Ausnehmen eines Fisches eine Perle. Initiale aus einer Handschrift der *Naturgeschichte* des Plinius, 15. Jahrhundert. Der Verzehr von frischem Fisch war den Reichsten vorbehalten. Die *Naturalis historia* des Plinius, im 1. Jahrhundert n. Chr. verfaßt, diente im gesamten Mittelalter als Grundlage des Wissens über Tiere und Pflanzen.
Venedig, Biblioteca Marciana.

Das Salz

Ein Beleg dafür, wie verbreitet die Verwendung von Salz war, ist ein einfacher Holzgegenstand: das Salzfäßchen, das es in fast allen provenzalischen Haushalten gab. Salz wurde nicht nur bei Tisch gereicht (in der Provence als *salinhon*, eine Art „Salzhut" aus feinem Salz) oder als grobes Salz in der Küche gebraucht, sondern diente auch der Konservierung verschiedenster Lebensmittel. Eingepökelt wurden nicht nur Fisch und Schweinefleisch, sondern auch Rindfleisch, Käse und Butter – gesalzene Butter war bereits damals eine Spezialität der Normandie. Eine solche Nachfrage setzte natürlich eine entsprechend hohe Produktion voraus. In Frankreich fehlte es weder an Salzgärten noch an Salinen. In der Provence etwa gab es viele Salzsiedereien, die zum Teil auch exportierten. Die Qualität von Salz wurde deutlich nach seiner Herkunft unterschieden; für das Einpökeln von Heringen zog man Salz aus der Bucht von Bourgneuf dem Salz aus der Normandie oder aus Portugal bei weitem vor.[21] Die Gewinnung und der Verkauf von Salz brachten dem Staat reichlichen Profit. Im Königreich Frankreich waren die Einwohner seit dem 14. Jahrhundert der Salzsteuer (*gabelle*) unterworfen. Das Salz, das sie beim Hersteller oder beim Kleinhändler kauften, mußten sie daher teuer bezahlen. Auch der Reichtum großer Städte wie Venedig beruhte nicht zuletzt auf dem Salzhandel.

Salzverkäufer. Miniatur aus einer Handschrift des *Jardin de Santé (Garten der Gesundheit)* von Jean de Cuba, um 1501. Salz war das am häufigsten verwendete Konservierungsmittel. In Frankreich wurde es mit einer hohen Steuer, der sogenannten *gabelle*, belegt.
Paris, Petit Palais.

Konserven und Konfitüren

Salz war nicht das einzige Konservierungsmittel. Im *Ménagier de Paris* findet man Rezepte von Früchten und Gemüsen, die in Honig, Essig oder Senf eingelegt wurden; was man heute als „Eingemachtes" oder „Konserve" bezeichnen würde, nannte der Autor damals „Kompott". Dabei handelte es sich um alte Hausrezepte, ähnlich der italienischen „mostarda di frutta", die eben die Produkte verwendeten, die erhältlich waren. So machte man sich beim Einmachen von Sauerfrüchten, Quitten zum Beispiel, die Pektinsäuregärung zunutze, die das Gelieren von Fruchtsäften bewirkt.

Elixiere – vom lateinischen *electuarium* – waren dem Normalbürger weniger leicht zugänglich. Diese Art Konfitüren bestanden häufig aus den Schalen von Zitrusfrüchten, die selten und teuer waren, ebenso wie der Zucker, mit dem sie geliert wurden (auch wenn der Zuckerverbrauch im Spätmittelalter anstieg). Sie wurden daher vor allem von Apothekern hergestellt, die mit Zucker und anderen Gewürzen handelten. Durch ihre Heilwirkung waren Elixiere ja nicht nur Süßigkeiten, sondern auch Medikamente.

Beim Apotheker kaufte man auch alle Arten von Zuckerwerk, das am Ende der Mahlzeit serviert wurde und die Verdauung fördern sollte: zum Beispiel kandierte Nüsse, Mandeln und Pfirsiche, „Dragees" – eine Art Bonbons, die mit einer Zuckerschicht überzogen waren –, oder Nougat und Marzipan aus Honig.

Diese hochentwickelte Kunst, Süßigkeiten herzustellen, hatte ihre Wurzeln in den Werken arabischer Ärzte. Es war kein Zufall, daß die erste „Anleitung zum Einmachen" (*Libre de totes manieres de confits*) des Abendlandes in Katalonien geschrieben wurde, unter Einfluß der islamischen Kultur.[22]

Würzige Kräuter

Gewürze spielten in der Küche des Mittelalters eine wesentliche Rolle und wurden zumeist aus fernen Ländern importiert – ein bedeutender Handel, der zum Reichtum von Städten wie Genua oder Venedig beitrug.

Doch auch in Europa versuchte man, Würzmittel herzustellen. Der Zuckeranbau, in Sizilien seit der arabischen Eroberung bekannt, verbreitete sich im 15. Jahrhundert im gesamten Mittelmeerraum, bevor er gegen Ende des Jahrhunderts auf den atlantischen Inseln Fuß faßte. In derselben Zeit wurde in Spanien Safran angebaut, später auch in Frankreich. Aus purem Snobismus bevorzugte man aber weiterhin die orientalischen Sorten.

Nicht jeder konnte sich zu jeder Mahlzeit exotische Gewürze leisten. Daher griff man auf einheimische Würzkräuter zurück, die es in Hülle und Fülle gab; ein englisches Buch über Gärtnerei aus der Mitte des 15. Jahrhunderts zählt unter der Rubrik „Kräuter für Saucen und Ragouts" 86 Pflanzen auf. In italienischen Kochbüchern werden häufig Majoran und Rosmarin genannt.[23]

KOMPOTT VON OBST UND GEMÜSE

Da dieses Rezept sehr weitschweifig ist, hier eine knappe Zusammenfassung:

1. Einkochen der verschiedenen Zutaten im Laufe des Jahres: Walnüsse ab dem 24. Juni: 500 Walnüsse einweichen, leicht ankochen und mit Honig einkochen, der mit Gewürznelken und Ingwer versetzt wurde; der Honig wird mehrere Male gekocht. Mairüben und Karotten zu Allerheiligen: in Wasser kochen und dann in kaltem Wasser weichen und daraufhin mit Honig einkochen. Birnen aus Anguisse im Limousin, Kürbisse, Pfirsiche: verfahren wie mit Mairüben. Fenchel- und Petersilienwurzeln: ebenso wie Mairüben.

2. Zubereitung des Kompotts: Bereiten von Senf: ein Pfund Senfkörner, ein halbes Pfund Anis, eineinhalb Viertelpfund Fenchel, eineinhalb Viertelpfund Koriander, eineinhalb Viertelpfund echten Kümmel fein zermahlen und mit Essig anrühren. Auf dieselbe Weise wird mit einem halben Pfund Meerrettich verfahren. Jeweils ein halbes Viertelpfund Gewürznelken, Zimt, Pfeffer, Ingwer, Muskatnuß, Paradieskörner fein mahlen und in einer Mischung aus Wein und Essig zu gleichen Teilen anrühren. Eine halbe Unze Safran und eine Unze rotes Sandelholz bereitlegen. Ein Pfund harten hellen Honigs bester Qualität zum Schmelzen bringen, mehrere Mahle aufkochen und dabei abschäumen. Den Senf zum Honig geben. Gemahlene Gewürze zugeben. Sandelholz, Safran und grobes Salz beigeben. Ein Pfund zerdrückte, in Essig geweichte Weintrauben aus Digne untermischen. Mit Hilfe von vier oder fünf Pinten [0,93l] Most oder Wein aus eingedampftem Most läßt sich die Soße weiter verfeinern.

Ménagier de Paris, S. 267ff.

EIN GUOT SPISE VON BIRE UND EPFELE (EINE GUTE SPEISE AUS BIRNEN UND ÄPFELN)

Zwei Äpfel und zwei Birnen schälen, vierteln, entkernen und klein würfeln. Mit drei Löffel Wasser zu einem Mus verkochen und gut mit Anis und Zimt abschmecken. Das Mus fingerdick auf vier Brotscheiben streichen. Mit vier weiteren Brotscheiben bedekken mit mit Milch beträufeln. Zwei Eier schlagen, mit Mehl und ein wenig Milch vermengen, so daß ein glatter Pfannkuchenteig entsteht. In diesem Teig die gefüllten Brote wenden und in einer Pfanne in erhitztem Schmalz oder Butter ausbacken. Wenn die Brote auf beiden Seiten goldbraun sind, aus der Pfanne nehmen und mit Zucker und Zimt bestreuen. Heiß servieren.

nach: Wie man eyn teutsches Mannsbild..., S. 94.

Kapernverkäufer. Miniatur aus einer Handschrift des *Tacuinum sanitatis*, 15. Jahrhundert. In den Kochbüchern der Zeit ist von Kapern kaum die Rede. Dem *Tacuinum sanitatis* zufolge sind „voll ausgewachsene, noch nicht offene, aus Alexandria“ zu beziehende Kapern vorzuziehen. „Nutzen: sie stärken den Magen und den Appetit, öffnen Verstopfung der Leber, der Milz und der Nieren, töten Würmer. Schaden: sie sind schwer verdaulich. Verhütung des Schadens: durch Abkochen, mit Öl, Essig und wohlriechenden Mitteln.“

Paris, Bibliothèque Nationale.

Weinlese und Keltern. Miniatur aus einer Handschrift des *Alexanderromans*, um 1340. Die Techniken der Weinbereitung, die im Mittelalter entwickelt wurden, haben sich bis zum 19. Jahrhundert kaum verändert. Hier sieht man die Weinernte mit Hilfe einer Hippe, den Transport der Trauben zur Kelter und den Behälter, in dem die Weintrauben mit bloßen Füßen zerstampft wurden.
Oxford, Bodleian Library.

▷ *Noah trinkt Wein von seinem Weinberg.* Byzantinisches Mosaik, 13. Jahrhundert. Illustration zu Genesis 9, 20: „Noah pflanzte einen Weinstock und trank seinen Wein." Da Wein in der Heiligen Schrift wiederholt eine Rolle spielte, besaß er einen hohen Symbolgehalt.
Venedig, Markuskirche.

Weinbereitung im Mittelalter

Um *Weißwein* zu erhalten, nahm man grüne Trauben, aber auch blaue Trauben (Rebsorte *pinot noir*, die man heute zur Champagnerherstellung verwendet), aus denen man nun weißen Wein machte. Die geernteten Trauben wurden sofort ein- oder mehrmals gepreßt. Den Most füllte man in Fässer; die natürliche Gärung begann.
Die Bereitung von Rotwein war komplizierter. Die Trauben, im allgemeinen nicht abgebeert, wurden mit den Füßen in Bottichen zerstampft. Dann begann die Gärung; danach kam das Mark entweder in die Kelter oder nicht. Es gab daher zwei Arten von Rotwein:
* *Beerenwein* wurde direkt aus dem Bottich gewonnen, ohne daß er in die Kelter kam. Je nach Dauer der Gärung war er dunkler oder heller. Dauerte die Gärung nicht länger als zwei bis vier Tage, erhielt man den *clairet*, einen Roséwein; bei längerer Gärung wurde die Farbe kräftiger und bei bestimmten Rebsorten dunkelrot.
* *Kelterwein* wurde aus dem gekelterten Mark gewonnen. Kelterte man mehrmals, wurde der Wein umso herber und kräftiger, je stärker der Traubenkamm ausgepreßt wurde. Kelterwein wurde manchmal mit Beerenwein vermischt, um diesem die nötige Säure für längere Haltbarkeit zu geben.
* *Tresterwein* mit einem Alkoholgehalt von nur 2 oder 3 Prozent wurde ebenfalls aus dem Mark gewonnen und mit Wasser versetzt.

Anschließend füllte man den Wein in Fässer. Man mußte darauf achten, daß die Fässer immer voll waren, und regelmäßig mit einem Krug nachfüllen – die sogenannte *ouillage*. Die Fässer wurden dann unmittelbar an die Verbraucher geliefert, ohne länger zu reifen. Im Mittelalter trank man jungen Wein; länger als ein Jahr konnte er nicht gelagert werden.
(Lachier, *Vins*, S.214–223)

Getränke

Der Wein – Getränk par excellence

Unter den Getränken des Mittelalters nahm der Wein eine herausragende Stellung ein.[24] Auf französischem Gebiet bereits seit der Römerzeit bekannt, war er vor allem ein Symbol für Zivilisation, das man von den Oberschichten der Spätantike übernommen hatte. Die römische Eroberung hatte den Weinanbau nach Südgallien gebracht. Die ältesten Weinbaugebiete Frankreichs befanden sich bei der Stadt Gaillac und an den Ufern der Rhône (Hermitage und Côte-Rôtie). Sehr bald begann man auch in der Gegend um Bordeaux und in Burgund mit dem Weinbau. Auch nach den Barbareneinfällen gab man ihn nicht auf, sondern entwickelte ihn im Gegenteil weiter.

Die Oberschichten der Merowinger- und der Karolingerzeit schätzten Wein so sehr, daß sie versuchten, in jeder ihrer „Villen" (Landsitze, die an einen landwirtschaftlichen Betrieb angeschlossen waren und auf denen sich der Hof wechselweise aufhielt) Reben anpflanzen zu lassen.

Denn das Christentum hatte die Bedeutung des Weins noch verstärkt; als Blut Christi spielte er eine wesentliche Rolle in der Liturgie. Der Bedarf an Meßwein war daher groß, zumal bis zum 13. Jahrhundert alle Gläubigen, auch Laien, das Abendmahl in beiderlei Gestalt nehmen konnten. Um Bischofsstädte herum wurde vermehrt Wein angebaut, und ebenso in der Nähe von Klöstern, denn die Regel des Benedikt von Nursia erlaubte es den Mönchen, Wein zu trinken, und verpflichtete sie zu großzügiger Gastfreundschaft. So begann der Weinbau im Anjou auf Initiaven des Bischofs von Nantes, und der Weinbau in der Touraine im Umkreis der Kathedrale St. Martin in Tours. In der Pariser Gegend besaß die Abtei Saint-Germain-des-Prés 300–400 Hektar Weinbaufläche; und das Kloster Saint-Denis führte den Weinbau in Argenteuil nordwestlich von Paris ein.

Tatsächlich wuchs im Mittelalter auch noch sehr weit nördlich Wein, in Gegenden, wo es heutzutage keinen Weinanbau mehr gibt. In Beauvais, Soissons und Laon erntete man berühmte Sorten. Dokumente belegen, daß es bretonische, normannische und picardische Weine gab. 1265 wurde sogar ein Weinberg in Lille erwähnt, der hinter der Kirche Saint-Maurice lag. In England erstreckte sich der Weinbau bis Lincoln und York. Natürlich spielte das Klima im Hochmittelalter, das wärmer und trockener als in späteren Jahrhunderten war, bei dieser Verbreitung des Weinbaus eine zentrale Rolle.

Betrachtet man die Weinmengen, die von den Menschen im Mittelalter konsumiert wurden, versteht man auch, warum sie überall Reben zu züchten versuchten. Eine ganz erstaunliche Höhe erreichte der Weinkonsum bei den Vertrauten des Bischofs von Arles im Jahre 1424: 2,5 Liter pro Kopf und Tag, das macht im Jahr 900 Liter! Auch die Armen waren nicht schlecht bedient. Die Ochsentreiber des Hospizes von Aix bekamen 230 Liter im Jahr, der Klostergärtner von Saint-Victor 315 Liter. Jeder trank damals Wein: die Schüler des *Studium papale* in Trets (220 Liter) ebenso wie eine Witwe aus Barjols (360 Liter). Auch war die Provence kein Einzelfall. In Burgund konnten Gefängniswärter, die Marktgendarmen von Châlons oder Fischer bis zu 2,5 Liter Wein pro Tag bekommen – und anscheinend auch trinken. Doch zumeist waren das keine starken Weine. Die ärmsten Schichten begnügten sich oft mit Tresterwein, und im allgemeinen wurden leichte Weine mit wenig Alkoholgehalt vorgezogen.

Bis zum 13. Jahrhundert trank man vor allem Weißwein. Sogar aus einem Teil der blauen Trauben wurde Weißwein hergestellt. Die beliebtesten dieser Weißweine waren die „französischen", das heißt, die Weine, die im Gebiet der Ile-de-France (im weitesten Sinn) an den Talhängen der Seine und der Marne angebaut wurden (der Name „Wein aus der Champagne" stammt erst aus der Zeit Heinrichs IV.). Dieses Weinbaugebiet erstreckte sich – an den Pariser Weinbergen auf den Hügeln von Montmartre, Belleville und Charonne vorbei – von Laon bis nach Etampes und von Meulan bis Châlons. Aus Rebsorten, die heutzutage verschwunden oder wertlos sind – außer dem *fromenteau*, aus dem man die hochgeschätzten Weißweine herstellte, gab es noch den *morillon* für hochwertige Rotweine oder den *gouais noir* für den „gewöhnlichen Roten" –, wurden in diesen nördlichen Gebieten leichte und saure Weine hergestellt. Dieselbe Geschmackstendenz also, die wir bereits bei den Saucen festgestellt haben.

Doch von Ende des 13. Jahrhunderts an begannen sich starke Weine durchzusetzen. Da der Weinbedarf in den nördlichen Regionen Europas immer weiter stieg, mußten die Menschen dort auf Weine aus dem Mittelmeerraum zurückgreifen, die mehr Alkohol enthielten. Nach den Worten des Chronisten Salimbene waren La Rochelle, Beaune und Auxerre die drei Orte in Frankreich, wo man „Wein im Überfluß" herstellte. Die Weine aus Beaune waren im 14. Jahrhundert die Weine des Adels, die auch an den Tafeln des Papstes und des Königs serviert wurden. Natürlich waren das auch die teuersten. Auf jeden Fall erforderten diese stärkeren Weinsorten andere Trinkgewohnheiten: Ein Pari-

Kanne. Frankreich, 15. Jahrhundert. Hier handelt es sich um ein Kupfergefäß mit Deckel und zwei Henkeln; der obere diente als Traghenkel, der seitliche, um einzugießen. Man benutzte diese Form der Kanne vor allem, um hochgestellten Persönlichkeiten bei ihrer feierlichen Ankunft in der Stadt einen Ehrentrunk zu kredenzen.
Paris, Musée de Cluny.

Weinbauern. Chorgestühl, Miserikordien, 15. Jahrhundert. Nachdem die Trauben zerpreßt oder zerstampft waren, wurde der Wein in Fässer gefüllt. Die mittelalterliche Weinherstellung erlaubte es noch nicht, den Wein lange zu lagern und reifen zu lassen; man trank daher meist jungen Wein.

Vendôme, Dreifaltigkeitskirche.

▷ *Weinlese und Weinbereitung.* Bildteppich, burgundische Werkstatt, um 1500. Rechts ist die Lese dargestellt, links das Zerstampfen der Trauben, durch das man den „Beerenwein" gewann; im Hintergrund das Keltern (mit einer sehr stilisierten Hebelkelter).

Paris, Musée de Cluny.

Aquamanile. Deutschland, 15. Jahrhundert. Als Aquamanile wird ein handliches Gießgefäß in vielfältigen, meist tiergestaltigen Formen bezeichnet. Man benutzte es sowohl bei der Messe als auch bei Tisch.

Paris, Musée de Cluny.

▷ *Der Hafen von Brügge.* Französische Weine wurden ins nördliche Europa, vor allem nach England und in die Niederlande, exportiert, wo Weinanbau kaum möglich war. Im 12. Jahrhundert waren Weine aus La Rochelle sehr beliebt. Im folgenden Jahrhundert setzten sich dann die Bordeauxweine durch. Die Miniatur von Simon Bening mit der Darstellung des Verladens von Weinfässern und des Weinhandels ist als Monatsbild Oktober in einem flämischen Stundenbuch aus der zweiten Hälfte des 16. Jahrhunderts enthalten.

München, Bayerische Staatsbibliothek.

ser Bischof erklärte im 13. Jahrhundert, wenn er sich bei Tische einen guten Wein aus Saint-Pourçain, Angers oder Auxerre gönne, brauche er außerdem einen Krug mit Wasser, um die Stärke dieser Weine auszugleichen.

Auch Likörweine waren im Spätmittelalter sehr beliebt, wurden in Frankreich aber erst ab dem 15. Jahrhundert hergestellt. Am berühmtesten war der „Zypernwein", seit dem 12. Jahrhundert bekannt, über den Henri d'Andeli in seiner *Bataille des vins* schrieb, er sei der „Papst" aller Weine. Im folgenden Jahrhundert begann man, Malvasier und Muskatwein aus Kreta zu importieren, dessen Anbau die Venezianer dort entwickelt hatten. Der spanische Süßwein *grenache* war im 14. Jahrhundert sehr beliebt, ebenso wie im 15. Jahrhundert die portugiesische Variante dieses Weins. Likörweine waren sehr teuer und daher festlichen Gelegenheiten vorbehalten.

Die offensichtliche Vorliebe der mittelalterlichen Menschen für den Wein führte dazu, daß sie die verschiedenen Anbaugebiete fein unterschieden. Henri d'Andéli beschreibt in seiner bereits erwähnten *Bataille des vins*, wie König Philipp August in seiner Gegenwart alle Weine vergleichen ließ, um den besten herauszufinden. Er erwähnt sieben Regionen und fast sechzig Städte, deren Weine berühmt – oder verachtet waren!

Weinlese. Kalenderskulptur aus Italien, 13. Jahrhundert, Monat September. Je nach Region fand die Weinlese zu sehr unterschiedlichen Zeiten statt, aber zumeist eher früh, weil man leichte Weine haben wollte. Schwere Weine und Likörweine wurden vor allem in den Mittelmeerländern hergestellt.
Ferrara, Museo Cattedrale.

Die Arbeit der Winzer wurde im Mittelalter perfektioniert: Später wurden weder Arbeitsweise noch Geräte vor den technischen Umwälzungen im 19. Jahrhundert nennenswert verändert. Die Produktion war so vielseitig, daß sie alle Bedürfnisse befriedigen konnte: Die Herren tranken den leichten, hellen Wein aus dem Vorlauf, der als der edelste galt, während die Diener den herberen Wein aus der Presse oder den Tresterwein bekamen.[25] Zur selben Zeit entstand die erste große Weinsorte für den Export: der Bordeaux.

Im 12. Jahrhundert waren die Bordeauxweine noch nicht sehr verbreitet; im Médoc zum Beispiel wurde weiterhin Getreide- und sonstiger Ackerbau betrieben. Der große Aufschwung kam dank der politischen Union mit England: Nach der Verheiratung Eleonores von Aquitanien mit Heinrich II. Plantagenet im Jahre 1154 gehörte die Guyenne bis 1453 zum Königreich England. Daher orientierte man sich in dieser Region fast ausschließlich am englischen Markt. Für die Feierlichkeiten anläßlich seiner Krönung veranschlagte Eduard II. 1000 Fässer Bordeauxwein à 800 bis 900 Liter. Durchschnittlich wurden 80 000 Fässer pro Jahr nach England geliefert, etwa 700 000 Hektoliter (heutzutage werden 1,5 Millionen Hektoliter Bordeauxwein exportiert). Mehr als fünfhundert Schiffe pro Jahr verließen so die Mündung der Gironde Richtung England. Das größte Kontingent lieferte vor Weihnachten den jungen Wein; man darf nicht vergessen, daß der Bordeaux bis zum 18. Jahrhundert ein leichter, heller Wein mit wenig Alkoholgehalt war, den man trank, solange er jung war. Ein zweites Schiffskontingent brachte im März oder April den „Osterwein", der meistens aus Hochlagen kam (Bergerac, Cahors), da der Wein aus der Umgebung von Bordeaux zum größten Teil bereits verkauft war.

Cidre und Bier

Andere Getränke galten im größten Teil Frankreichs als schlechter Ersatz und wurden nur getrunken, wenn der Wein zu teuer war. 1447 zum Beispiel schrieb ein Pariser Bürger in seinem Tagebuch: „...war der Wein in Paris so teuer, daß die armen Leute nur Bier, Met, Cidre, Birnenmost oder ähnliches Gebräu tranken."[26]

Solche „Gebräue" waren in nördlichen Regionen jedoch weit verbreitet. Das englische Ale war damals eine frühe Form von Bier und wurde aus Gerste gebraut, aber noch ohne Zusatz von Hopfen. Als dickflüssiges Getränk (laut Léo Moulin eine Art „gestreckter Porridge") war es zugleich auch eine Speise und machte einen großen Teil der Getreideration in der Ernährung aus. Als Geschmacksverstärker verwendete man verschiedene Arten von Aromastoffen (Enzian, Salbei, Lavendel, Koriander, Absinth), manchmal sogar Gewürze. Solches Bier konnte man einfach zu Hause herstellen, doch gab es auch Brauereien – im London des 14. Jahrhunderts sage und schreibe 1330 an der Zahl! Pariser Brauer hatten sich im 13. Jahrhundert zu einer Handwerkszunft mit eigener Satzung zusammengeschlossen.[27]

Ab dem 15. Jahrhundert erfreute sich Bier im eigentlichen Sinne – ein stärkeres, weniger dickflüssiges und haltbareres Getränk mit Hopfenzusatz – immer größerer Beliebtheit. Dieses Bier war eine deutsche und holländische Spezialität. In Dokumenten ist die Rede von Hamburger und Bremer Bier („embourghebier" und „brémar"). Englische Alebrauer erklärten, dieses *beer* sei ungesund, so daß 1436 ein königlicher Erlaß dem Gerücht, es handle sich um ein Gift, Einhalt gebieten mußte.[28]

Im Nordwesten Frankreichs, d. h. in der Bretagne, der Picardie und der Normandie, gewann gegen Ende des Mittelalters der Cidre größere Verbreitung und verdrängte dabei das Bier. Es ist aufschlußreich, daß in der picardischen oder normannischen Version eines Kochbuchs aus dem 14. Jahrhundert lieblicher Wein durch Cidre ersetzt wurde. Dennoch blieb Cidre noch lange ein verachtetes Getränk. In der Grafschaft Maine nannte man ihn „Maurergebräu", und erst im 16. Jahrhundert wurde er auch von den höheren Schichten der Gesellschaft konsumiert.[29]

Weintransport. Glasmalerei, 13. Jahrhundert. Der Weinversand begann bereits vor Weihnachten, da die Verbraucher jungen Wein bevorzugten. Man lieferte sowohl auf dem Land- als auch auf dem Wasserwege.

Chartres, Kathedrale.

KULINARISCHE VERWENDUNG VON CIDRE UND BIER

Hecht nach normannischer Art. Großer Hecht zweimal gegart: Er muß zunächst gebraten und dann, nachdem er sorgsam zerlegt wurde, in der Pfanne zum Kochen gebracht werden, und zwar mit Most oder Cidre. Nehmt daraufhin gemahlene Gewürze vielerlei Art und Brot und mischt sie mit dem Hecht in der Pfanne. Gießt die Speise mitsamt des Hechts in Näpfe.
Enseignements, S. 186.

Englischer Trank. Brakott: Nimm 14 Gallonen [eine Gallone entsprach etwa 3,7 Litern] wohlschmekkendes Zerevis [ohne Hopfen bereiteter Vorläufer des heutigen Biers] bester Qualität; das Malz sollte zweifach geröstet sein. Gib es in ein Gefäß und laß es zwei bis drei Tage ruhen, bis es schal wird. Daraufhin nimm ein Viertelpfund Malz und ein halbes Viertelpfund unbehandelten Honig. Gib das aufs Feuer und bringe es zum Kochen. Dabei muß so lange abgeschäumt werden, bis die Flüssigkeit klar wird. Gib eine Prise gemahlenen Pfeffer und eine Prise gemahlene Gewürznelken hinzu und lasse es erneut aufkochen. Nimms vom Feuer und lasse es abkühlen. Gieße den Trank in ein Gefäß und gib den Satz in ein Säckchen und dies wiederum in einen Topf. Decke das Gefäß mit Stoff gut ab, auf daß keine Luft eindringt. Gebe Hefe bei. Drei bis vier Tage später kann der Trunk genossen werden. Mit Schnaps abschmecken.

Köche und Küchen

Soziale oder regionale Unterschiede kamen nicht nur bei den verwendeten Produkten zum Ausdruck, sondern auch bei der Art und Weise der Zubereitung, die zu einem großen Teil von der Küchenausrüstung abhing.

Einfache Küchenformen

Mittelpunkt der Bauernhäuser war der Herd. Im europäischen Abendland war das zumeist ein offener Herd am Boden oder in einer kleinen Vertiefung, der sich im zentralen Wohnraum (der oft der einzige war) befand. „Im besten Falle", schreibt J.-M. Pesez, „wurde er am Boden aus kleinen Steinen oder Tonscherben aufgeschichtet; sehr weit entwikkelte Herde hatten eine Sohle aus Steinplatten oder Kacheln." Der Herd diente nicht nur der Zubereitung von Mahlzeiten, sondern sorgte auch für Licht und Wärme.

In manchen Fällen waren Tür, Fenster oder Risse in Mauer und Dach der einzige Rauchabzug, so daß der Raum häufig im Qualm erstickte. So brach man hier und da direkt über dem Herd ein Loch in das Dach, durch das aber wiederum Regen und Wind eindringen konnten! Wandkamine kamen generell spät auf, und in Bäuernhäusern erst nach dem Mittelalter.

Backöfen blieben in Frankreich eine Seltenheit, da die Bauern gezwungen waren, ihr Brot zum Backofen des Grundherrn zu bringen. Auf Sizilien hat man neben traditionellen Backöfen auch eine Art von Eisenöfen gefunden, die *fucularu*, die im 15. Jahrhundert weitere Verbreitung fanden. Im germanischen und slawischen Mitteleuropa gab es ebenfalls Öfen.[1]

Zur einfachen Einrichtung dieser Küchen gehörte in erster Linie ein Metallkessel, der in allen sizilianischen und in 63 Prozent der französischen Haushalte vorhanden war. Reiche Bauern besaßen manchmal sogar drei eherne Kessel, die man im übrigen nicht nur zu Küchenzwecken verwendete. Krüge und Töpfe wurden in notariellen Inventaren selten erwähnt, da sie nicht aus Metall, sondern aus Ton waren. Archäologische Grabungen haben jedoch ergeben, daß irdenes Geschirr in Bauernhäusern äußerst häufig verwendet wurde.

Eine eiserne oder irdene Pfanne war das dritte der drei elementaren Kochgefäße, die den drei Zubereitungsarten in einer bäuerlichen Küche entsprachen: kochen, langsam dünsten oder braten. Da man weder einen Grill noch Spieße gefunden hat, war es wohl nicht üblich, direkt über dem Feuer zu garen.[2] Grillen oder Braten im Backofen war den städtischen Milieus und vor allem den Oberschichten vorbehalten, in der Provence ebenso wie in Burgund. Der Braten als solcher, auf den wir noch zu sprechen kommen, war ein Zeichen für soziales Prestige.

Vorbereitung des Essens. Teppich von Bayeux, kurz nach 1066, Ausschnitt. Zwei Köche hantieren mit Topf und Bratrost, um für Wilhelm den Eroberer das erste Mahl nach seiner Überquerung des Ärmelkanals zuzubereiten.
Bayeux, Musée de la Tapisserie.

◁ *Einfache Küche.* Ausschnitt aus einer Darstellung des Tierkreiszeichens Wassermann und des Monats Januar. Der einzige Wohnraum wird dominiert von einem Kamin mit Kesselhaken und Kessel. Bei einfachen Leuten gab es in der Regel gekochtes Essen, nichts Gebratenes.
Padua, Salone.

Die Küchen der Oberschicht

Ein deutlicher Kontrast wird sichtbar, wenn man nun herrschaftliche oder fürstliche Wohnhäuser betrachtet, in denen die Küche seit dem 10. Jahrhundert von dem Raum getrennt war, in dem man aß, und entweder darunter im Erdgeschoß, im Kellergeschoß oder in einem separaten Gebäude lag (die häufigste Variante).

Diese strenge Trennung zwischen Eßraum und Küche war aus Furcht vor Bränden entstanden. Die mittelalterlichen Küchen bestanden in der Tat zumeist aus Holz und waren so leicht, daß die königliche Küche in Oxford 1232 von einem heftigen Sturmwind fortgerissen wurde. Allerdings handelte

Vornehme Tafel. Miniatur aus dem *Brevier Grimani*, Monatsbild Januar. Hier speist der Adel, wie die vornehme Kleidung und die zahlreiche Dienerschaft bekunden; Hund und Falke verweisen zudem auf den aristokratischen Zeitvertreib par excellence, die Jagd. Die Gegenstände auf dem Tisch – Krug, Salzfaß und Tafelaufsatz – sind ebenso dekorativ wie nützlich; auf dem Büffet links ist weiteres Geschirr aufgebaut. Im Hintergrund sieht man Diener, die zugedeckte Schüsseln hereintragen – ein weiteres Zeichen verfeinerter Lebensart.
Venedig, Biblioteca Marciana.

▷ *Medici-Flasche.* Italienisches Porzellan, 15. Jahrhundert.
Paris, Musée du Louvre.

es sich dabei um eine improvisierte Küche, die man hastig für den Besuch des Königs aufgebaut hatte. Auch anläßlich der Krönungsfeierlichkeiten für Eduard I. im Jahre 1273 wurde eine provisorische Küche aufgebaut. Küchen aus leichtem Holz waren von großem Vorteil für die damaligen Höfe, die sehr oft von einem Ort zum anderen zogen.

Befand sich die Küche unter dem Eßzimmer, wurden die Speisen über eine Treppe nach oben getragen. War die Küche jedoch weit entfernt oder mußten die Diener sogar einen Hof überqueren, kamen die Speisen häufig schon kalt bei Tische an. Diesem Übel versuchte man abzuhelfen, indem man zwischen Küche und Eßzimmer überdachte Gänge errichtete. Im Schloß von Caen standen vor dem Kamin im Eßzimmer sogar Wärmeplatten, die den Speisen die gewünschte Temperatur geben sollten. Heißes Essen war ein Luxus; und es wurde ja bereits erwähnt, daß zugedeckte Teller für den Hausherrn oder den Ehrengast bestimmt waren.

Diese Küchen hatten oft riesige Ausmaße. Die Küche der Abtei Saint-Pierre in Chartres hatte einen Durchmesser von 15,60 Metern. Schließlich mußte der gesamte Haushalt – manchmal mehrere hundert Personen – jeden Tag verpflegt werden. Oft reichte eine Küche dafür gar nicht aus. In fürstlichen Palais gab es die sogenannte *cuisine de bouche*, wo die delikaten Speisen für den Hausherrn und seine Gäste zubereitet wurden, und die gewöhnliche Küche, wo man das Essen für die Diener und Angestellten kochte. In den großen Benediktinerabteien war die Küche des Abtes von der Küche für die Mönche getrennt. Außerdem gab es noch die Krankenküche und eine Küche für durchreisende Gäste.

Die Einrichtung der fürstlichen, herrschaftlichen oder klösterlichen Großküchen mußte darauf abgestimmt sein, daß gleichzeitig ganz unterschiedliche Kochvorgänge möglich waren. Um den Hauptherd mit Rauchfang und Windschutz auf dem Dach gruppierten sich mehrere kleine Herde. Wandkamine, die jede „Kocheinheit“ von den anderen trennten, kamen erst gegen Ende des Mittelalters auf. Solche Einrichtungen ermöglichten einen einwandfreien Rauchabzug; schwieriger war es jedoch, schmutziges Wasser und Küchenabfälle zu „entsorgen“. Manchmal sammelte man alles in einem Loch, das direkt in den Küchenboden gegraben war und mit einem Holzdeckel verschlossen wurde; manchmal gab es bereits ein relativ ausgeklügeltes System von Abwässerkanälen, die den Schmutz in Gräben, Gärten oder einen Fluß leiteten.[3]

Um die Mahlzeiten für einen Großhaushalt zu bereiten, brauchte man ein ganzes Arsenal von Küchengefäßen. Maître Chiquart, Koch beim Herzog von Savoyen, zählt eine Vielfalt von Gerätschaften auf, vom großen Kessel über irdene Töpfe, Spieße und Behältnisse aller Art bis hin zum Reibeisen.

Krug aus Valencia. In Spanien und auf Sizilien bestanden enge Kontakte zwischen der moslemischen und der christlichen Kultur. Bei bestimmten Produkten (Teigwaren, Zucker) scheint es gesichert, daß die islamische Welt das christliche Europa beeinflußt hat.

Paris, Musée de Cluny.

◁ *Bankett des Adels.* Miniatur aus einer Handschrift der *Histoire du Grand Alexandre (Geschichte Alexanders des Großen)*, 15. Jahrhundert. Ein Bankett diente der gesellschaftlichen Selbstdarstellung des Adels: Die Gäste blicken direkt auf das prunkvolle Büffet. Der Pfau, gut sichtbar auf der Säule, verweist auf den Höhepunkt des Banketts: Man serviert einen Pfau, geschmückt mit seiner gesamten Federpracht, auf den die Gäste nacheinander einen bestimmten Eid ablegen. Musiker und Turnierkämpfer sorgen für Unterhaltung.

Paris, Petit Palais.

Erster Koch und Küchenpersonal

In den geräumigen und gut ausgestatteten Küchen der Oberschicht betätigte sich eine ganze Mannschaft eifriger Diener. In der Küche des französischen Königs arbeiteten im Jahre 1386 73 Personen. Dieser hohe Personalbestand (innerhalb eines Jahrhunderts hatte er sich mehr als verdoppelt) hatte seinen Grund in der Vergrößerung des Hofes (die wiederum Ausdruck der gestärkten Königsmacht war). Doch damit nicht genug: Neben der eigentlichen Küche gab es noch die *paneterie*, die für die Brotversorgung zuständig war (im Jahre 1328 21 Personen), die *échansonnerie* (33 Personen), die sich um den Wein kümmerte, und schließlich für das Obst noch die *fruiterie* (14 Personen).

Küchen waren fast eine reine Männerwelt. Es gab zwar Köchinnen, aber nicht im Dienste der Aristokratie. Auf Miniaturen sind Frauen dargestellt, die für Bürgerfamilien kochen. Auch in manchen spanischen Gemeinschaften werden Köchinnen erwähnt, wie jene Na Gordana, die 1338 mit zwei Bediensteten die Armenspeise für eine fromme Stiftung in Lerida zubereitete.[4]

Die exklusive Welt der vornehmen Küche war streng hierarchisch. Ein Erlaß von Karl VI. aus dem Jahre 1386 zeugt von einer bereits sehr ausgeklügelten Organisation der Küche; als Vergleich kann man die Informationen heranziehen, die Olivier de la Marche 1473 in seinen „Regeln des Haushalts von Herzog Karl von Burgund, genannt der Kühne“[5] vermittelt.

An der Spitze standen der Küchenmeister und die Truchsesse, die mit der Lebensmittelbesorgung betraut waren. „Sie müssen wissen“, sagt Olivier de la Marche, „wieviel das Fleisch kosten darf“. Die Truchsesse waren oft Adlige, die das Vertrauen des Königs besaßen, während die Köche „vom Fach“ waren. Der Erlaß von 1386 nennt sechs Köche, darunter einen ersten Koch, in anderen Texten Küchenmeister genannt. Seine Aufgabe war es zum Beispiel, das Fleisch oder den Fisch zu prüfen und die besten Stücke für die Tafel des Fürsten zu reservieren. Der Rest ging an „alle, denen Fleisch und Brot im Hause des Fürsten zusteht“. Anders gesagt, der Küchenmeister teilte die Stücke zwischen den Köchen der herrschaftlichen *cuisine de bouche* (dem zitierten Erlaß nach waren es zwei) und den Köchen für das gewöhnliche Essen auf.

Die Köche, die abwechselnd in beiden Küchen arbeiteten, hatten zahlreiches Personal mit klar definierten Aufgaben unter sich. Die Hilfsköche unterstützten die Köche bei der Fertigstellung der Gerichte, die *hâteurs* („Spießdreher“) kümmerten sich um den Braten, die Suppenköche um „alle Suppen und Eintöpfe wie Bohnen-, Erbsen-, Getreide- und Milchsuppen“. Alle mußten Rechenschaft über die Ausgaben in ihrem Arbeitsbereich ablegen. Das galt auch für den Saucenkoch, der nicht nur „Saucen aus noch grünen Früchten... saure Getreide- und Essigsaucen“ anrührte, sondern auch für „die Aufbewahrung von allem Silbergeschirr, mit dem man den Fürsten aus der Küche bedient“ verantwortlich war. Aufgrund dieser wichtigen Aufgabe standen ihm vier Diener und ein Wachtposten zu. Bleibt noch niedriges Personal: die *souffleurs*, die das Feuer unter den Kesseln anfachen und erhalten mußten, die *bûchers*, die Holz und Kohle für die

Bedienung bei Tisch. Hier sieht man deutlich, daß Speisesaal und Küche oft weit voneinander entfernt lagen. Das Essen kam daher häufig kalt auf den Tisch, auch wenn manchmal überdachte Gänge zur Verfügung standen.

Paris, Bibliothèque Nationale.

▷ *Von der Küche auf den Tisch.* Ausschnitt aus dem *Teppich von Bayeux*, kurz nach 1066. Den Gästen der ersten Mahlzeit, die Wilhelm der Eroberer auf englischem Boden zu sich nimmt, wird Geflügel serviert, das man zuvor am Spieß gebraten hat. Zu gebratenem Fleisch bereiten die Köche vielfältige Saucen.

Bayeux, Musée de la Tapisserie.

Inventar einer fürstlichen Küche

1. *Kochgeräte*
- große Kessel für große Fleischstücke und große Mengen zur Vorbereitung von Suppen und andere notwendige Dinge;
- große Töpfe, die man aufhängen kann, um Fisch zu dünsten;
- zahlreiche große und kleine Suppentöpfe;
- etwa zwanzig große Pfannen mit hohem Rand;
- zwanzig Bratgeräte mit Drehspießen, Holzspieße für Fleisch, 120 Eisenspieße, drei Dutzend kleine Spieße für Geflügel, Spanferkel und Wasservögel; und 48 kleine Spieße für eine Art „Schaschlik";
- zwölf Bratroste.

2. *Behältnisse und andere Gerätschaften*
- ein Dutzend großer Bottiche, etwa fünfzig kleinere Gallonen, sechzig Kübel mit zwei Henkeln, hundert Siebe.
- ein Dutzend Mörser (um Gewürze zu zerstampfen).
- sechs große Reibeisen (für Brot und Käse).
- hundert Holzlöffel, fünfundzwanzig Schaumlöffel.

(Maître Chiquart, S.133f.)

HIC FECERVNT: PRANDIV

ET HIC EPISCOPUS CIBU ET
POTU BE NE DIC IT

Das Ballett der Diener. Miniatur aus einer Handschrift der *Geschichte Olivers von Kastilien und Artus' von der Algarve*, Ausschnitt.

Paris, Bibliothèque Nationale.

Küche heranschafften, aber auch die Portiers und Türsteher, welche die Türen bewachten und „auf die Kutschen mit dem Geschirr aufpassen, wenn man aufs Land fährt". Weiter stößt man auf die *garde-mangers*, die auf die Qualität des rohen und eingepökelten Fleischvorrats achteten, die *broyeurs au mortier*, die Gewürze und ähnliches im Mörser zerstießen, die *potiers*, die das Küchengerät abwuschen und Wasser aus dem Brunnen holten, und nicht zuletzt eine ganze Kinderschar, die man Geflügel rupfen, Fische ausnehmen oder Bratspieße drehen ließ, kurz, zu „allen kleineren Arbeiten in der Küche" heranzog. In manch einem dieser überall herumsausenden „Pagen" oder „Bengel", wie man sie nannte, steckte vielleicht das Zeug zu einem Chefkoch, im Mittelalter der Küchenmeister.

Der lange Weg zum Küchenmeister

Der Weg zum höchsten Ruhm war jedoch lang. Die Lehrzeit (man lernte durch Zusehen und Nachmachen) dauerte bereits mehrere Jahre. Die Arbeit war hart, körperliche Züchtigungen waren an der Tagesordnung. Wenn der Küchenmeister eine große Suppenkelle aus Holz in der Hand hatte, dann aus zwei Gründen, erfahren wir von Olivier de la Marche: „Einmal um Suppen und Brühen abzuschmecken, und zweitens, um die Kinder aus der Küche an ihre Pflichten zu schicken und ihnen, wenn nötig, eins draufzugeben." Es gibt noch weitere Belege für ein solches gewalttätiges Klima in der Küche, das heute noch nicht ganz ausgerottet ist.

Nicht selten gab es wahre Dynastien von Köchen, innerhalb derer das Wissen vom Vater an den Sohn weitergegeben wurde. Isembart der Jüngere trat als Küchenmeister am Hofe Philipps des Schönen in die Fußstapfen seines Vaters Isembart, der länger als dreißig Jahre über die königliche Küche geherrscht hatte. Aber auch jemand, der als einfacher Küchenjunge angefangen hatte – manchmal mit einem Spitznamen wie „weiche Birne", „der Vielfraß", „kleiner Aal" oder „Windschneider" (*Taille-vent*), der ihn seine ganze Karriere über verfolgte –, konnte hoffen, in den höchsten Rang aufzusteigen, wenn er geschickt und geduldig war. Dank der königlichen Archive können wir die Laufbahn Jean Jarts verfolgen: 1386 war er Küchenjunge, 1392 *potagier*, und 1418 wird er zum ersten Mal als Küchenmeister erwähnt, mehr als dreißig Jahre nach seinem Eintritt in die königlichen Dienste.

Andere Köche hatten einen noch erstaunlicheren Lebensweg, so etwa Guillaume Tirel, Taillevent genannt. Guillaume, vermutlich normannischer Abstammung, fing 1326 bei Jeanne d'Evreux, der Frau von Karl IV. dem Schönen, als Küchenjunge an. 20 Jahre später war er Koch bei Philipp VI. von Valois. Später trat er in den Dienst des Dauphins und Herzogs der Normandie und folgte ihm zur Krönung nach Reims. Als Küchenmeister gelangte Taillevent unter Karl VI. zu höchsten Ehren: Er wurde Truchseß und königlicher Garnisonschef. Diese Karriere, die sich über sechs Jahrzehnte erstreckte (unter fünf verschiedenen Königen), mag außergewöhnlich sein, sie zeigt uns dennoch, welcher soziale Aufstieg einem Koch möglich war.[6]

Schenkkanne. Blaues Glas aus Venedig, 15. Jahrhundert. Die Kanne mit langem Hals und dickem Bauch ist mit zwei Henkeln versehen. Man benutzte Kannen dieser Art für Wasser und für Öl.

Apt, Domschatz der Kathedrale der Heiligen Anna.

Wie man einen Küchenmeister auswählt

„Ich erörtere hier zuerst, wer Küchenmeister werden soll und wie er zu seiner Stelle kommt. Wenn man einen Küchenmeister im Haushalt des Fürsten braucht, müssen die Haushofmeister die Truchsesse und alle anderen aus der besagten Küche einen nach dem anderen zu sich rufen zur feierlichen Wahl, und nachdem jeder seinen Eid geleistet hat, wird der Küchenmeister ernannt; denn das ist kein gewöhnliches Amt, sondern eine heikle und bedeutende Stellung, die alle Sicherheit erfordert: Das ist für den Fürsten notwendig und unumgänglich. So gehört es sich, daß der Fürst nach dem Bericht seiner Haushofmeister und nach erfolgter Wahl dem Küchenmeister sein Antrittsgeschenk übergibt."
(La Marche, *Mémoires*, S. 51)

Köche wurden von ihren Herren, die ihre Künste mehr und mehr schätzen lernten, in der Tat mit Gunstbezeugungen überhäuft. Über ihren Lohn hinaus erhielten sie oft Renten aus der Schatzkammer des Königs oder Besitztümer von Hingerichteten. Ein Koch wurde sogar in vertraulicher diplomatischer Mission zum Papst geschickt! Guillaume Tirel, der nach seinem Tode ein solides Vermögen hinterließ, hatte sich ein aufwendiges Grabmonument errichten lassen, auf dem er zwischen seiner ersten und seiner zweiten Frau dargestellt ist, überkrönt von seinem Wappen, das natürlich auf seine Kochkunst anspielt. Isembart war am Ende des 13. Jahrhunderts der reichste Steuerpflichtige seines Viertels, und die Straße, in der er wohnte, wurde schließlich nach ihm benannt.

Aber welche Verantwortung lastete auf einem Küchenmeister, der den Gipfel des Ruhmes erklommen hatte! Das Beispiel des Maître Chiquart, Küchenmeister beim Herzog von Savoyen, Amadeus VIII., macht es deutlich. Es ging nicht nur darum, die Ordnung und Sauberkeit in der Küche – die er von einer Kanzel aus überwachte, „von wo er alles sehen und verfolgen konnte, was man in der Küche trieb" – aufrechtzuerhalten oder die Speisen zu kosten, um sicherzugehen, daß sie den Erwartungen des Herrn entsprachen und nicht vergiftet waren. Er mußte für ausreichende Vorräte von Kohle und Eiern sorgen, zur Neige gehende Zutaten durch neue ersetzen und stets in der Lage sein, den Fürsten und seine Gäste standesgemäß zu verpflegen, falls das Bankett sich in die Länge zog. Er mußte die Forderungen des Haushofmeisters, der darauf achtete, daß jedem Gast die ihm gebührende Menge serviert wurde, berücksichtigen und sich mit der Kritik der Leibärzte herumschlagen.[7]

Die Auswahl eines Küchenmeisters war daher keine geringfügige Angelegenheit. Es ist nur zu verständlich, daß Olivier de la Marche in einem ausführlichen Passus darauf eingeht. Petrarca machte sich darüber lustig, mit welcher Genauigkeit man zu seiner Zeit einen Koch prüfte, während beinahe jeder Kopist werden konnte. Aber man brauchte eben einen Küchenmeister, der nicht nur etwas von seinem Fach verstand, sondern auch Organisationstalent hatte.

Solche Perlen waren selten, man riß sich um sie. Gilles Paraille stand in einem Zeitraum von weniger als zwanzig Jahren im Dienst von Johann ohne Furcht, Herzog von Burgund, dann von König Karl VI. und schließlich von Philipp dem Guten, Nachfolger von Johann ohne Furcht. Gab es damals bereits „Starköche"? Wenn man wie Jean-François Revel Taillevent als „ersten Star der christlichen Gastronomie" bezeichnen kann, so ist dies auf jeden Fall weniger seiner Karriere als dem erfolgreichen Kochbuch zu verdanken, das bereits zu Taillevents Lebzeiten unter seinem Namen in Umlauf war.[8]

◁ *Weinprobe.* Miniatur aus dem Kalendarium im *Officium Beatae Virginis*, Monatsbild Januar. Der Wein, den man direkt nach der Lese in Fässer gefüllt hatte, wurde ab den ersten Wintertagen getrunken. In vornehmen Häusern sorgte ein spezieller Amtsinhaber, der Mundschenk, für den Wein.

Forli, Biblioteca Civica.

Schweineschlachtung und Bratenkoch. Chorgestühl, Miserikordien, 15. Jahrhundert. In der Küche waren die einzelnen Aufgaben einer strengen Hierarchie unterworfen. Der Bratenkoch nahm eine mittlere Stellung zwischen dem Suppenkoch und dem Koch ein, der dem Küchenmeister persönlich zur Hand ging. Der Besitz von Bratspießen war auf jeden Fall Zeichen für einen gewissen Rang.

Vendôme, Dreifaltigkeitskirche.

▷ *Im Wirtshaus.* Valerius Maximus, Miniatur in einer französischen Übersetzung aus dem 15. Jahrhundert. In Wirtshäusern, den Schlupfwinkeln für Freudenmädchen und Gauner, wie sie Villon mit Vorliebe beschrieben hat, wurde in erster Linie getrunken, aber auch gegessen. Diese Miniatur prangert die angeblichen Ausschweifungen in den Gaststätten an.

Paris, Bibliothèque Nationale.

Fischteller. Blei, 16. Jahrhundert. Fische, in der Ikonographie sehr häufig zu finden, symbolisierten Christus – aber auch die Härte der Fastenzeit! Paris, Musée de Cluny.

Kulinarische Literatur

Die ersten Kochbücher des christlichen Abendlandes sind aus den Küchen des Adels hervorgegangen. Zwischen dem 4. und dem 13. Jahrhundert war die gesamte kulinarische Literatur aus Europa verschwunden; schuld daran war die Verachtung, die man damals dem Koch entgegenbrachte. Da er mit Blut und Schmutz in Berührung kam, hielt man ihn in gewisser Weise für ein unreines Geschöpf.

Als Köche im Spätmittelalter erneut Anerkennung fanden, hielt man ihr Wissen für so wertvoll, daß es schriftlich festgehalten wurde. Die ersten Rezeptsammlungen sind jedoch noch sehr an die mündliche Überlieferung angelehnt, aus der sie hervorgegangen waren. Die Rezepte sind knapp und beschränken sich fast ausschließlich auf die verwendeten Würzmittel, ohne Angabe der Garzeiten, und waren eher Gedächtnisstützen für die Köche selbst oder für die Haushofmeister, die manchmal, wie man weiß, im Besitz von Rezeptsammlungen waren.

Wie unpraktisch diese Kochbücher auch waren, so erzielten sie doch im 14. und vor allem im 15. Jahrhundert große Erfolge. Man fand sie in der Bibliothek von Chorherren oder Notaren, und sie waren weit über den Adel hinaus verbreitet. Die Rezeptsammlungen hatten auch ihr Aushängeschild: den Namen eines berühmten Fürstenkoches, der hervorragende Qualität garantierte und den Verkauf förderte.

Köche am Königshof stellten unter den Autoren von Kochbüchern tatsächlich einen hohen Anteil, in erster Linie Taillevent. Auch Köche im Dienste von Territorialfürsten, wie Maître Chiquart, Koch des ersten Herzogs von Savoyen, Amadeus VIII., oder von Kirchenmännern (Maître Martino beim Patriarchen von Aquileja oder Johann von Bockenheim bei Papst Martin V.) gehörten dazu. Für ihre Herren waren diese Bücher willkommene Propaganda; so schrieb etwa Chiquart sein „Fait de cuisine" auf Ersuchen des Herzogs, der darin den Luxus an seiner Tafel gerühmt sehen wollte.

In einem Schwitzbad. Valerius Maximus, Miniatur in einer französischen Übersetzung aus dem 15. Jahrhundert. Schwitzbäder, eigentlich Einrichtungen für die Körperhygiene, spielten in Wirklichkeit die Rolle von Freudenhäusern. Hier verband sich die sexuelle Befriedigung mit dem Vergnügen am Wasser und an guter Küche.

Paris, Bibliothèque Nationale.

Zwei Zecher im Wirtshaus. Chorgestühl. Die Gerichte, die von den Gastwirten serviert wurden, sollten oft genug nur den Durst wecken.
Montreal.

Der Begriff Autor ist hier reine Theorie, da die Köche häufig nur Rezepte aus früheren Werken zusammentrugen – eine Praxis, die auch unseren heutigen Chefköchen noch geläufig ist. Das frappierendste Beispiel ist der berühmte *Viandier*, dessen Vaterschaft Taillevent für sich beanspruchte, obwohl dieser Text bereits vor seiner Geburt in Umlauf war! Doch gleichviel, der Name des Kochs, der im Dienst eines angesehenen französischen Königs stand, blieb mit diesem Werk verbunden, das im Laufe der Jahrhunderte von Kopisten und Lesern tiefgreifend verändert wurde – sie waren ebenso respektlos wie sein vermeintlicher Autor! Trotzdem hatte es bis zum Beginn des 17. Jahrhunderts großen Erfolg. Auch wenn die Leser die Rezepte vielleicht nicht mehr nachkochten, war „der Taillevent", wie man das Buch nannte, in gewisser Weise zur Bibel unter den Kochbüchern, zum obligatorischen Nachschlagewerk geworden. Villon zum Beispiel schrieb: „Ich habe im Taillevent unter dem Kapitel Frikassee nachgesehen."

Bei den Bürgern

Wenn Bürger Kochbücher wie den *Viandier* heranzogen, dann mit großer Vorsicht, die sich eher mit dem Bemühen um Sparsamkeit als mit mangelnder Kücheneinrichtung erklären läßt. Statt einer ganzen Küchenmannschaft gab es in bürgerlichen Haushalten einen Koch oder eine Köchin.

Die Kücheneinrichtung in Bürgerhäusern macht nicht den Eindruck von Armut. Im Nachlaßinventar von Isabelle Malet, einer Bürgerin aus Douais, die 1359 gestorben war, sind zahlreiche Kupfer- und Zinntöpfe aufgeführt, außerdem mehrere Pfannen und – interessanterweise – ein Bratspieß. Daß Isabelle Malet aus einer reichen Patrizierfamilie stammte, ändert nichts an der Sache, da man festgestellt hat, daß etwa zur selben Zeit ein Schlosser aus Lyon namens Guillaume Silvestre und ein Gerber aus Douais ebenfalls einen Bratspieß besaßen.[9]

Nicht jeder konnte sich in seinem Haus eine eigene Küchenbrigade oder auch nur einen eigenen Koch oder eine Köchin leisten. Daher war es möglich, die Dienste zusätzlicher Berufsköche in Anspruch zu nehmen. Der Autor des *Ménagier de Paris* notierte unter den Ausgaben für die „Hochzeit des Maître Helye" auch zwei Francs für einen Koch, den man für diese Gelegenheit engagiert hatte. Von dieser Summe, die proportionell zur Anzahl der Gäste berechnet wurde, mußte der Koch seine Gehilfen und die nötigen Lebensmittelvorräte (die sogenannten *portages*) bezahlen, die er zusammen mit einem Küchenmeister, der auch zusätzlich angestellt worden war, beim Metzger, Geflügelhändler, Krämer etc. auswählte und kaufte.[10] Dieser Beruf war eng mit dem eines Gastwirts verwandt. Übrigens schlossen sich manche Köche vor dem Notar zusammen, um gemeinsame Bankette zu organisieren. Doch damit liefen sie Gefahr, das Monopol der Metzger und Gastwirte, die auch kochten, anzutasten. Es ist aufschlußreich, daß der König seinen Köchen am Ende des 16. Jahrhunderts erlaubte, auch ohne Meisterstück in diese Zunft einzutreten. Die Köche wußten nun, wie sie ihr Talent zu Geld machen konnten, ähnlich wie manche Köche in adeligen Häusern, die am Ende des 18. Jahrhunderts die ersten Restaurants eröffneten. Die Grenze zwischen den eigentlichen Köchen und den *cuisiniers* war also nicht ganz so unüberwindlich, wie manche Vorschriften nahelegen.[11]

Unter *cuisiniers* (vom lateinischen *coquinarii*) verstand man in Frankreich im Spätmittelalter etwa das, was wir heute als Metzger mit Imbiß bezeichnen würden. Im Gegensatz zu den Köchen (*coci*) vornehmer Häuser unterstanden die Mitglieder dieser Zunft der Autorität und Kontrolle durch vereidigte Meister („eingeschworenes Gewerbe"). Die ersten Statuten, die von dem königlichen Beamten Etienne Boileau am Ende des 13. Jahrhunderts festgelegt wurden, gestanden ihnen das Recht zu, Gänse, Kälber, Lämmer, Zicklein und Schweine zu braten und Würste aus Schweinefleisch, gewürzt mit Fenchel oder richtigen Gewürzen, herzustellen. Trotz Verbot verkauften sie auch Blutwürste. Bei ihnen konnte man sich also gebratenes Fleisch oder Würste holen, wenn man eine Mahlzeit improvisieren mußte.

Die Metzger, die später einen Teil der Vorrechte dieser *cuisiniers* erbten, betonten 1513 nachdrücklich die Rolle, die ihr „gekochtes, in kleine Stücke geschnittenes Fleisch, frisch oder gepökelt" und ihr „Pökelfleisch vom Schwein, am Stück oder pfundweise verkauft" bei der täglichen Ernährung der ärmsten Schichten spielte. Ihren eigenen Worten nach verkauften sie diese Dinge, um dem „armen Volke in dieser Stadt und auch den Fremden, die jeden Tag so zahlreich hier ankommen, zu geben, was sie brauchen, denn die meisten dieser armen Leute haben weder Haus noch Herd, sondern versorgen sich jeden Tag bei eben diesen Metzgern". Die Metzger vergaßen jedoch nicht daran zu erinnern, daß sie zu bestimmten Zeiten auch Kalbs- und Schweinewürstchen an die „Bürger... und die guten Häuser" verkauften.

Laut einer Beschreibung aus dem 15. Jahrhundert verkaufte man in einem Laden der Pariser Rue de la Saunerie Würstchen, doch das war noch gar nichts gegen eine Stadt wie Palermo, wo diese „Imbißbuden" einen ganzen Straßenzug einnahmen. Eine ganze Schar von armen Handwerkern, Einwanderern und Arbeitern konnte dank des *malcuchinatu*, eines einfachen Gerichts aus Schlachtabfällen und Innereien, das dort verkauft wurde, existieren.[12]

Königliches Bankett. Miniatur aus einer Handschrift der *Grandes Chroniques de France (Großen Chronik Frankreichs)*, 1375–1379, Ausschnitt. In dieser Handschrift, die für König Karl V. selbst angefertigt wurde, ist das Festmahl für die „Sternenritter" im Jahr 1356 ausgesprochen nüchtern dargestellt. Auch die Chronisten geben kaum Auskunft über die Gerichte, die den Gästen serviert wurden.

Paris, Bibliothèque Nationale.

Pastetenbäcker und Metzger. Fresko, Ende des 15. Jahrhunderts. Mit Fleisch oder Fisch gefüllte Pasteten waren im 15. Jahrhundert sehr beliebt. In vornehmen Häusern konnten die Köche sie selbst zubereiten, während die ärmeren Menschen, die keinen Backofen besaßen, sie beim Pastetenbäcker kaufen mußten.
Aostatal, Schloß Issogne.

KLEINE PASTETEN AUS DEM 15. JAHRHUNDERT

Pasteten mit heißer Sauce. Nehmt das Herzstück vom Lendenbraten. Dieses muß in hauchdünne Scheiben geteilt werden, auf die gehacktes Fett gegeben wird. Zur Bereitung der Sauce muß Schwarzbrot dunkel geröstet werden, daraufhin in Sauerwein und Essig geweicht und durch ein Seihtuch gedrückt werden. Zu dieser Soße gehören folgende Gewürze: Ingwer, Gewürznelken, Nelkenpfeffer, Paradieskörner, Muskatnuß zu gleichen Teilen, außer daß die Gewürznelken vorschmecken sollen; die Soße muß in einer gußeisernen Pfanne zum Kochen gebracht werden. Wenn die Pastete gegart ist, nehmt das Fett ab und gebt danach die Sauce hinzu. Gart die Pastete in ihrer Sauce im Ofen.

Pastete von Kapaunen. Gebt Speck darauf und gebt Ingwer, feingemahlene Gewürze und Safran bei.
Viandier imprimé, S. 169 und 172.

Waffeleisen. Frankreich, 16. Jahrhundert. Waffeln wurden von „Oblatenbäckern" gebacken, die häufig im Freien arbeiteten. Waffeln waren eine hochgeschätzte Leckerei, die es vor allem bei großen Kirchenfesten gab.
Paris, Muséee de Cluny.

Pasteten- und Waffelbäcker

Wollte man seinen Appetit stillen, brauchte man oft nur ans Ende der Straße zu gehen und sich eine Pastete zu kaufen. Pastetenbäcker, die mit ihren kleinen, auf einer Art Schubkarre befestigten Öfen durch die ganze Stadt zogen, boten eiligen oder armen Kunden eine ganze Palette „kleiner Gerichte" an. In erster Linie natürlich kleine, mit Fleisch oder Fisch gefüllte Pasteten, die nur ein paar Pfennige kosteten. Die Kochbücher aus dem 15. Jahrhundert, die diesen Pasteten ein ganzes Kapitel widmeten, bezeugen ihre Beliebtheit. Die Zunftregeln erwähnen aber auch Milchpudding, Apfelkuchen und eine Art Windbeutel.

Bei diesen Pastetenbäckern versorgten sich arme Schulgeistliche ebenso wie Liebhaber, die wieder zu Kräften kommen wollten. Gäste in Schankwirtschaften ließen sich zu ihrem Wein oft eine Pastete bringen, und Kinder konnten der Versuchung schon gar nicht widerstehen – die Pastetenbäcker bekamen regelmäßig Schelte von oben zu hören, weil sie die Naschhaftigkeit der Kinder ausnützten.

Außerdem befaßte sich die Obrigkeit mit der Qualität der verkauften Pasteten. Ihr niedriger Preis erklärte sich vermutlich aus der Verwendung nicht mehr ganz frischer Produkte. Zumeist versorgten die Pastetenbäcker sich bei den Köchen der Fürstenpalais, die so die Essensreste ihrer Herrschaft, aber auch die Fleischstücke (zumeist Schlachtabfälle), die ihnen nach der Hausordnung zustanden, verkaufen konnten. Ein englischer Erlaß von 1379 verurteilte diese Praktiken energisch, doch es besteht kaum ein Zweifel, daß sie weiter fortbestanden.[13]

Ebenso wie die Pastetenbäcker hatten auch die Waffelbäkker kleine transportable Öfen, in den Texten als *fournaises à pardon* („Wallfahrtsöfen") bezeichnet. Zu großen Kirchenfesten kamen diese Waffelbäcker in solchen Scharen, daß Karl VI. in einer königlichen Patentschrift anordnete, zwischen den einzelnen Öfen einen Mindestabstand von zwei Klaftern einzuhalten, damit es nicht zu Bränden kam. Schaulustige, Pilger und Kirchgänger stürzten sich begeistert auf die leichten Gebäckstücke, die diese Waffelbäcker zubereiteten: *nielles* (davon verkauften sie 1000 Stück pro Tag!), große Oblaten (500 Stück), *supplications* (300 Stück), *esterels* (200 Stück), Waffeln und Stäbchen, die man entweder à zwei oder à acht Stück zum lächerlichen Preis von etwa einem Pfennig haben konnte.

Schließlich sollte man auch nicht vergessen, daß es in Italien Teigwarenhändler gab, in Florenz *lasanieri* genannt. Auf jeden Fall scheinen „Fertiggerichte" bei der Ernährung der Stadtbevölkerung eine wichtige Rolle gespielt zu haben.

Becher mit Henkel. Blei, Frankreich, 16. Jahrhundert. Es kam nicht selten vor, daß die Gäste sich ein so wichtiges Utensil teilen mußten.
Paris, Musée de Cluny.

EIN WIRTSHAUSGERICHT

Es gibt ein Gericht, das in diesen flachen Landstrichen [den Niederlanden] häufig von Gast- und Wirtshausbesitzern zubereitet wird; damit das Gesindel [das in ihren Häusern verkehrt] dem Trunk ausgiebig zuspricht, geben diese auf die heiße Glut dünne Schweinefleischscheiben - die sogenannten Karbonaden, die sie nur kurz garen und die von den Trunkenbolden mit Brot gegessen und zusammen mit dem Wein im Handumdrehen verzehrt werden.
Jacquart, Regard.

Schenken und Gasthäuser

In der Stadt konnte man zum Essen ausgehen. Wir haben keinerlei Hinweise darauf, wie verbreitet solche Mahlzeiten in Gasthäusern vor dem 16. Jahrhundert waren, doch aus dieser Zeit ist uns ein außergewöhnliches Dokument, das Tagebuch des Sire de Gouberville, erhalten. Philip und Mary Hyman haben gezählt, daß dieser Provinzadlige aus der Normandie zumindest einmal, oft auch zweimal pro Woche zum Essen ausging, und zwar jedes dritte Mal in ein Gasthaus – zumeist bei „Denis le Pastichier“ in Valognes, das Goubervilles bevorzugtes „Restaurant“ gewesen zu sein scheint.[14]

Seit dem Mittelalter boten Herbergswirte, Gastwirte und Schankwirte – die Unterschiede sind verschwommen – Essen und Trinken, oft auch Schlafmöglichkeiten an. Manche Gesellschaftsschichten besuchten sehr häufig diese Wirtschaften. Man denke nur an die Pilger, die Chaucer in der „Tabbard Inn“ versammelt und deren Erzählungen Grundlage der wundervollen *Canterbury Tales* sind. Wenn es in einigen ländlichen Gegenden keine Herbergen oder Gasthäuser gab, fanden Reisende Schutz in Klöstern, die ihnen ein Dach über dem Kopf und etwas zu essen gaben.

In der Stadt gehörten natürlich Studenten zu den Stammgästen der Wirtshäuser. Als Junggesellen hatten sie keine Kochmöglichkeit und kauften ihr Essen bei Pastetenbäckern und *cuisiniers*. Zusammen im Wirtshaus zu sitzen und zu trinken war außerdem Teil der studentischen Geselligkeit. Für die „Meister der englischen Nation“ boten alle möglichen Gelegenheiten einen Vorwand für Trinkgelage und Schlemmereien auf Kosten der Zunft. Wurde ein neues Mitglied aufgenommen, ein neuer Prokurator gewählt oder war gerade das Fest des heiligen Namenspatrons, ging man in eine der zahlreichen Schenken im Pariser Quartier latin. Manche waren bekannt für ihren guten Wein, während andere mit Namen wie „Zum guten Tisch“, „Zum Lachs“ oder „Zum Steinbutt“ sich wohl durch gutes Essen auszeichneten.

Ein Historiker hat eruiert, daß es im Paris des 15. Jahrhunderts zumindest 195 Wirtshäuser gab, deren Namen zum Teil ganz vertraut klingen: „Zum weißen Pferd“, „Zum goldenen Löwen“ oder auch „Zum französischen Wappenschild“. Vermutlich gab es noch wesentlich mehr, wenn auch nicht gerade 4000, wie Guillebert von Metz 1434 behauptete. Es gab eine gemeinsame Trink- und Eßkultur, die in Villons Werk so lebendig geschildert wird und die es verdiente, näher untersucht zu werden.[15]

Was aß man in diesen Wirtshäusern oder Schenken? Der Arzt Jean Despars erwähnt die *carbonées*, dünne Scheiben gegrilltes Schweinefleisch, das mit Brot gegessen wurde. Wie bereits erwähnt, ließen sich die Wirtshausgäste auch Pasteten kommen. Die „drei Damen von Paris“ – Margue, Maroie und Tifaigne – bestellten sich Waffeln, Oblaten, Käse, Mandeln, Birnen, Gewürze und Nüsse in die Taverne des Maillets und versanken schließlich in so tiefer Trunkenheit, daß man sie versehentlich auf dem *Cimetière des Innocents* („Friedhof der Unschuldigen“, auf dem heute das Forum des Halles steht) begrub![16]

In den Wirtshäusern des Quartier latin fanden Villon und seinesgleichen üble Burschen und Freudenmädchen. Noch häufiger traf man diese leichten Mädchen in Schwitzbädern, die ursprünglich nur der Körperhygiene dienten, in denen die Freuden des Fleisches und die Freuden des Gaumens aber bald eine typisch mittelalterliche Verbindung eingingen.

Zecher in einem Wirtshaus. Gebrüder Salimbeni, *Fresko des heiligen Johannes des Täufers*, Ausschnitt. Die Zecher trinken direkt aus dem Krug. Doch reinen Wein trank man selten, zumeist war er mit Wasser vermischt.

Urbino, Oratorium San Giovanni Battista.

Prunkvolles Festessen. Miniatur aus der *Geschichte Olivers von Kastilien und Artus' von der Algarve*, französische Übersetzung aus dem 15. Jahrhundert. Der Ehrentisch steht separat unter einem Baldachin, während die übrigen Gäste an einem langen Tisch sitzen, jedoch nur auf einer Seite. Der Haushofmeister führt das „Ballett der Diener" an, während am Büffet und in der Nähe des Fürsten weitere Diener bereitstehen, um seinen geringsten Wünschen nachzukommen. Musiker sorgen für Unterhaltung.

Paris, Bibliothèque Nationale.

Rituale und Bräuche bei Tisch

Die Menüs, die in Berichten und Kochbüchern beschrieben werden, waren zumeist Festmenüs, also Ausnahmen. Die alltäglichen Mahlzeiten waren einförmiger und deutlich weniger glanzvoll, selbst bei der Aristokratie.

Zwei Mahlzeiten pro Tag

Die meisten Menschen begnügten sich mit zwei Mahlzeiten pro Tag. Folgendes Sprichwort bestätigt diese Sitte: „Die Engel essen einmal am Tage, die Menschen zweimal am Tage, und was darüber hinausgeht, ist tierisch und nicht menschlich."[1]

Frühstück gab es durchaus; zumindest Kinder und Kranke hatten Anspruch darauf. Im Collège de Périgord in Toulouse bot man Besuchern, die früh am Morgen gekommen waren, eine Art Imbiß an. Auch wer tagsüber schwer arbeiten mußte, kam in den Genuß dieses morgendlichen *potus*, der aus Wein und je nach Tag aus Fleisch, Innereien oder Hering bestand. Es ist zu vermuten, daß auch die Bauern etwas zu sich nahmen, bevor sie aufs Feld gingen. Wenn am Spätnachmittag hohe Gäste im Collège de Périgord ankamen, servierte man ihnen eine leichte Mahlzeit (*collation*), d. h. Wein, Käse und Birnen oder Kastanien und andere Trockenfrüchte und bei ganz besonderen Gelegenheiten auch Süßwaren. Diese Art von leichter Zwischenmahlzeit gab es im Collège nur zu außergewöhnlichen Ereignissen: bei der Hochzeit eines Dieners, zur Feier eines neuen Doktortitels oder am Vorabend großer Kirchenfeste.[2] Während der übrigen Zeit waren zwei Mahlzeiten pro Tag die Regel. Mittagessen (lat. *prandium*) gab es zwischen zehn und elf Uhr vormittags, Abendessen (*cena*) zwischen 16 und 19 Uhr. Wer bereits wie die Bauern früh am Morgen etwas gegessen hatte, konnte mit dem Mittagessen auch bis mittags warten. Doch gerade die Essenszeiten der Bauern hingen von der landwirtschaftlichen Arbeit ab, die ihren eigenen Rhythmus hat.

In der freien Natur zu essen, war nicht nur den Bauern vorbehalten. Im höfischen Roman werden immer wieder Picknicks der Aristokratie geschildert, manchmal auch als Tête-à-Tête eines Liebespaares: Jean und Blonde, auf der Flucht aus dem Schloß von Blondes Vater, der sie mit dem Grafen von Gloucester verheiraten will, verstecken sich in einem Wald; dort breiten sie eine Tischdecke auf dem Gras aus und verspeisen die Kuchen, Brote und Geflügelpasteten, die ihr Diener besorgt hatte. Und während sie ihren Wein trinken, hören sie: „den süßen Klang / der Drossel und der Nachtigall / und aller anderen Waldvögel / die ihnen auf ihre Weise / das Abend- und das Morgengebet singen".[3]

Ein Diener. Ausschnitt aus der Darstellung einer mildtätigen Mahlzeit für Leprakranke, die mit Geflügel verköstigt werden (vgl. Abb. S. 137).

Unwohlsein bei Tisch. Miniatur aus einer Handschrift der *Faits du Grand Alexandre (Von den Taten Alexanders des Großen)*, 15. Jahrhundert. Panische Angst vor Vergiftungen erklärt die zahlreichen Vorsichtsmaßnahmen, bevor die hohen Gäste Speisen und Getränke kosteten.

Paris, Bibliothèque Nationale.

Der Romanbeginn von *Guillaume de Dôle* läßt uns an einer wahren Expedition teilnehmen, deren Vorwand die Jagd ist: Während die Jäger sich abmühen, improvisieren die Damen und einige Kavaliere eine Mahlzeit im Freien. Man räumt Betten und Decken aus den Zelten, verstreut frische Kräuter auf dem Boden, legt Tischdecken darauf und serviert Pasteten mit Rehfleisch, sahnigen Käse der Region und hellen, kühlen Wein von der Mosel. Als die Jäger erschöpft und hungrig wiederkommen, wird erneut gegessen, vor allem das erlegte Wild; anschließend spielt man Schach, würfelt oder tanzt bis in die Nacht hinein. Es ist eine Ausnahme, daß hier Frauen am männlichen Vergnügen par excellence, der Jagd, teilnehmen, während der man bereits einen Teil des Wildbrets verzehrte.[4]

Diese Küche im Freien war improvisiert: Man aß, was man fand oder was man fing. Ähnlich war es, wenn unversehens Gäste ankamen und man nicht mehr die Zeit – oder die Mittel – hatte, eine vollständige Mahlzeit zuzubereiten; oder wenn jemand „eilig in einer Wirtschaft Fleischbrühe holt, um daraus eine Suppe zu kochen". Der Autor des *Ménagier de Paris* hat uns für solche Fälle einige Rezepte von „unvorbereiteten Suppen" hinterlassen, die aus kalten Fleischresten oder zum größten Teil aus Petersilie, Butter, ein paar Eiern oder einer Handvoll Mandeln bereitet wurden.

Schöpfgefäß. Messing, Frankreich, 15. Jahrhundert. Messinggeschirr gab es vor den Bronze- oder Kupfergefäßen, die in Dinant (heute Belgien) hergestellt wurden.

Paris, Musée des Arts décoratifs.

MAGERE GEBUNDENE SUPPEN: GERICHTE, DIE KEINER VORBEREITUNG BEDÜRFEN

Ihr solltet Petersilie zur Hand haben. Bratet sie in Butter an, gießt sie mit kochendem Wasser auf und bringt alles zum Kochen. Schmeckt mit Salz ab und richtet mit passiertem Brot an wie ein Püree.
Eine andere. Für den Fall, daß Ihr kalten Rinderbraten habt, schneidet ihn äußerst fein, zerdrückt dann etwas in Sauerwein geweichtes Brot und streicht alles durch ein Seihtuch. Gebt es in ein Gefäß und darüber gemahlene Gewürze. Erwärmt das Ganze auf dem Kohlenfeuer. Davon werden drei Personen satt.

Eine weitere für *Fischtage.* Nehmt Wasser und wenn es sprudelnd kocht, werft Ihr Mandeln hinein. Schält dann die Mandeln, zerstoßt sie und rührt mit lauwarmem Wasser an. Gießt das in ein Gefäß und kocht es mit gemahlenem Ingwer und Safran. Richtet in Näpfen an und gebt in jeden ein Stück gebratenen Fischs. Desgleichen kann man, wenn man es eilig hat, sich im Gasthaus Fleischbrühe zu besorgen vermag und daraus eine gebundene Suppe bereiten will, Gewürze beigeben und aufkochen. Zu guter Letzt gibt man behutsam Eier hinzu und bindet mit passiertem Brot.

Prunkvolles Festessen. Miniatur aus einer Handschrift der *Geschichte Renauds de Montauban*, 1468–1470. Die Ehrengäste sind hier Frauen. Das einzige Gericht, das dem Maler einer Darstellung wert schien, ist Geflügel, die vornehme Speise par excellence. Am Haupttisch serviert der Truchseß, der für die Ehrengäste das Fleisch zerlegt. Der Mundschenk links sorgt für den Wein.
Paris, Bibliothèque de l'Arsenal.

GEFÜLLTER HAMMELBUG

Man sollte den Bug nebst Hammel- und Schweinekeulen in einer Pfanne über dem Feuer kochen und darauf achten, daß er nicht zerfällt. Abkühlen lassen. Daraufhin muß das Fleisch von den Knochen abgelöst und äußerst fein gehackt werden, während gleichzeitig das Fleisch für die Schaugerichte in der Form von Burgen und Katapulten vorbereitet wird; fürderhin benötigt man Pinienkerne und Korinthen sowie ein großes Omelett, das in großen Würfeln von weißem Speck gebraten wird, wobei darauf geachtet werden muß, daß es nicht anbrennt. Die gesamte Mixtur nebst zerbröseltem, besonders fettem Käse in eine peinlich saubere Pfanne oder einen Napf geben und gut vermengen. Daraufhin sollte man Netzkoteletts vom Hammel zur Hand haben: klopfen, die Bugknochen mit feingemahlenen Gewürzen bestäuben, mit der Farce überziehen und zu guter Letzt alles mit den Netzkoteletts umkleiden. Mit Holzspießen das Ganze zusammenhalten, damit das Fleisch nicht verrutscht oder sich vom Bug löst. Darauf verstehen sich die Küchengesellen trefflich. Daraufhin wird der Bug zart gegrillt und ihm mit Kräutersauce eine grüne Farbe verliehen.
Viandier du Vatican, S. 129 f.

Für viele Menschen boten Feiertage die Gelegenheit, die Eintönigkeit der täglichen Mahlzeiten zu unterbrechen. Zünfte oder religiöse Bruderschaften versammelten sich einmal im Jahr am Festtag ihres heiligen Namenspatrons zu gemeinsamem Essen und Trinken. Die Studenten am Collège de Périgord hatten am Tage des Saint-Front Anspruch auf ein Festessen, für das man achtzehnmal mehr ausgab als für das gewöhnliche Essen. Allerdings gab es auch auserlesene und teure Gerichte wie Hammelschulter, die zusammen mit gefüllten Blätterteigpasteten nach Parma-Art als *nec plus ultra* kulinarischer Verfeinerung galt, wenn man den überlieferten Rezepten glauben darf.

Diese jährlichen Bankette dienten als Vorwand für wahre Freß- und Saufgelage. Das Festmahl der Bruderschaft Saint-Nicolas de Guérande sah für 30 Gäste zehn Zicklein, vier Kälber, 2 Fischgerichte, einige Schweineviertel, 57 Hühner, 25 kleine Käselaibe, 69 Pasteten, 143 Törtchen und weiter Äpfel, Nüsse und andere Früchte vor. Und mit 450 Litern Weißwein und hellem Rotwein konnten die 31 Zöglinge des Collège de Périgord ihren Durst wahrlich löschen, selbst wenn auswärtige Gäste an dem Festmahl teilnahmen.[5]

Die Kirche geißelte solche Zechereien, die als Anfang aller Laster galten. Doch für die Teilnehmer waren diese Bankette sicher ein Mittel, ihre sonstige karge Kost einmal zu vergessen und vor allem die gegenseitigen Bande zu stärken.

Die Festessen des Adels, die zu Hochzeiten oder auch Begräbnissen stattfanden, erfüllten eine andere Funktion. Die enormen Mengen, die auch hier serviert wurden, die Vielfalt und Ausgesuchtheit der Gerichte festigten die Macht der Familie, die das Bankett ausrichtete. Man kann hier von „Potlatsch" oder Prestigekonsum sprechen: Exzessive Ausgaben waren erwünscht und wurden gefordert; und was die Gäste nicht verzehrten, ging an die Armen. Die christliche Nächstenliebe vertrug sich daher bestens mit der adligen Tugend par excellence, der verschwenderischen Freigebigkeit. Feste der Fürstenhäuser waren eindeutig politische Angelegenheiten. Gelegenheit dazu boten offizielle Anläße wie die Inthronisierung eines Prälaten oder sogar eines Königs, aber auch Hochzeiten, denn sie besiegelten die Verbindung zweier Adelsgeschlechter oder zweier Dynastien. Als Maria von Burgund endgültig ihr Vaterhaus verließ, um mit ihrem Gatten, dem Herzog von Savoyen, zu leben, wurde ein gigantisches Fest ausgerichtet – Maître Chiquarts Menüs geben uns eine Ahnung davon. Aber dieses Fest war auch ein Gipfeltreffen zwischen Amadeus VIII. von Savoyen und seinem Schwiegervater, Philipp dem Kühnen, mächtiger Herzog von Burgund.

Menü und Ritual dieses mehrtägigen Banketts, ausgerichtet von der savoyischen Seite, war zweifellos von burgundischen Bräuchen beeinflußt. Am Hof von Burgund hatte sich in der Tat eine Ästhetik und Kunst des Banketts entwickelt, die Olivier de la Marche, erster Haushofmeister des Herzogs, in seinen Schriften schildert.

Das prunkvollste der burgundischen Bankette wurde am 17. Februar 1454 von Philipp dem Guten in seinem Schloß in Lille gegeben. Es handelt sich um das berühmte Fasanenbankett, das geradezu als politisches Manifest erscheinen mag.

Trinkbecher. Flandern, 15. Jahrhundert. Die Trinkbecher der Fürsten hatten oft einen Deckel, um die Gefahr von Vergiftungen abzuwenden.

Paris, Musée des Arts décoratifs.

Die Kulissen und Figuren, die man zwischen den einzelnen Gängen an der herzoglichen Tafel vorführte – eine Kirche mit Kreuz, ein Schiff mit Mannschaft und die Quelle des heiligen Andreas, Schutzpatron der Burgunder –, symbolisierten den Kreuzzug, den Philipp unternehmen wollte. Die Gäste schworen über einem Fasanenkopf, an dem Kreuzzug teilzunehmen. Hier beschränkte sich das Bankett nicht darauf, die Prachtentfaltung des Fürsten zur Schau zu stellen, sondern hatte einen programmatischen Wert.[6]

Goldschmiedeladen. Miniatur aus einer Handschrift des *Lapidarium (Steinbuch)* des Jean de Mandeville, 15. Jahrhundert. Dargestellt ist eine wertvolle Auslage von Tischgeschirr, vornehmlich Gefäße für Wein. Man beachte auch die Salzstreuer und vor allem den Tafelaufsatz in Form eines Schiffes, in dem Besteck und Salzstreuer des Fürsten aufbewahrt wurden.
Paris Bibliothèque Nationale.

▷ *Fruchtschale.* Bildteppich aus dem Zyklus *Die Dame mit dem Einhorn*, Ausschnitt. Solche Schalen waren dekorative Gegenstände, in denen man Obst servierte. Man sollte es nach Empfehlung der Ärzte zu Beginn – wenn es sauer war – oder am Ende der Mahlzeit – wenn es Dörrobst war – verzehren.
Paris, Musée de Cluny.

Krönungsmenü:

Bankett anläßlich der Krönung Heinrichs IV. von England (Westminster, 13. Oktober 1399)
1.Gang: Weißes Fleisch vom Kapaun in Pfeffersauce, Königsfleisch, Wildschweinkopf, Rind- und anderes Fleisch, Schwan, gemästeter Kapaun, Fasan, Reiher, langobardische Kuchen, Stör, Hecht. Eine Überraschung.
2.Gang: Wildbret in Mus, Gelee, gefülltes und scharf gewürztes Spanferkel, Pfau, Kranich, gebratenes Wildbret, Hase, Rohrdommel, goldbraunes Huhn, große Kuchen, gebratenes weißes Fleisch vom Kapaun, langobardische Schnitten. Eine Überraschung.
3.Gang: Weißwein aus Syrien, eingemachte Quitten, Silberreiher, Brachvögel, Rebhühner, Tauben, Wachteln, Schnepfen, kleine Vögel, Kaninchen, Orangen, weißes Geflügelfleisch in Scheiben, Eier in Gelee, kleine gebratene Fische, Süßigkeiten, kleine Pasteten, Lilientopf. Eine Überraschung.
(nach Austin, *Two Fifteenth*, S. 57)

Bedienung auf französische Art

Den Ablauf einer mittelalterlichen Mahlzeit erkennen wir am deutlichsten am Beispiel dieser Bankette. Die „Bedienung auf französische Art" bildete den Rahmen des Ganzen. Während bei unserer heutigen „Bedienung auf russische Art", die sich erst im 19. Jahrhundert durchsetzte, ein Gericht nach dem anderen serviert wird, wurden nach französischem Brauch verschiedene Speisen nebeneinander gereicht. Es gab zwar mehrere Gänge (zwischen drei und fünf pro Mahlzeit), aber jeder Gang bestand aus mehreren Einzelgerichten. So reichte man als ersten Gang gleichzeitig „nordische Pasteten", „Fleischbrühe à la cameline", „Pfannkuchen aus Rindermark", „Aal", einen „gekochten Steinbeißer", „kalten Salbei", „grobes Fleisch" und „Meeresfische".[7]

Die Aufzählung all dieser Einzelgerichte eines Menüs wirkt gleich weniger imposant, wenn man sich klarmacht, daß nicht jeder Gast sich aus allen Schüsseln bedienen konnte, sondern höchstens aus ein oder zwei. Die Anordnung der Gerichte auf dem Tisch hatte ganz offensichtlich eine besondere Bedeutung, da man in einem Gang vornehme Speisen für den Fürsten und seine direkten Nachbarn und zugleich Würste für den derberen Appetit der Gäste am unteren Tischende servieren konnte. Außerdem war es möglich, zwischen die Fleischgerichte auch vegetarische Speisen einzuschieben, sei es, weil man Geistliche eingeladen hatte, oder sei es, weil das Mahl an einem Mittwoch stattfand und manche Gläubige an diesem Tag kein Fleisch aßen.

Das Standardmenü

Bei den verschiedenen Standardmenüs, die wir im *Ménagier de Paris* finden, war die Reihenfolge relativ festgelegt. Ein Menü bestand aus fünf Gängen, wie zum Beispiel das folgende Essen, das Abbé de Lagny 1379 seinen Amtsbrüdern aus dem Parlement vorsetzen ließ. Man begann mit einer Art Aperitif, Süßwein und Blätterteiggebäck, außerdem Früchten – hier gekochte Äpfel und frische Feigen, in anderen Menüs Kirschen. Dieser Auftakt entsprach den medizinischen Ratschlägen der Zeit, die empfahlen, zu Beginn einer Mahlzeit Sauerkirschen oder Pflaumen zu essen.

Der zweite Gang war gehaltvoller. Zumeist folgten mehr oder weniger flüssige Saucengerichte aufeinander, Suppen oder Eintöpfe genannt, weiter gedünsteter oder gebratener Fisch (an Fastentagen) oder gebratenes Fleisch, schließlich noch „Zwischengerichte", sehr unterschiedliche Zubereitungen, deren Bandbreite von Sülzen bis zu einfachen Getreidebrühen reichen konnte. Die Reihenfolge Suppe/Braten/Zwischengericht bildete den Mittelpunkt einer mittelalterlichen Mahlzeit, ihr Rückgrat sozusagen. Die Rezepte der verschiedenen Kochbücher beschreiben fast ausschließlich Suppen, Braten (oder Fisch) und Zwischengerichte.

Danach kamen noch ein oder mehrere weitere Gänge, deren Namen bereits andeuten, daß der Hauptteil der Mahlzeit als abgeschlossen galt: das *desserte* (unser heutiges Dessert), das aus verschiedenen Süßspeisen (Eingemachtes, Bonbons), Kuchen (Pasteten, Pudding, Crêpes) und Früchten, in der Regel Dörrobst (Feigen, Datteln, Weintrauben, Wal- und Haselnüsse), bestand. Bei besonders luxuriösen Festessen gab es nach dem *desserte* noch zwei weitere Gänge: *l'issue*, d. h. „Ende der Mahlzeit", zu dem es *hypocras* (gezuckerter Wein mit Zimt) und Oblaten, Waffeln und sogenannte *supplications* gab, kurz, leichtes Gebäck, wie es die Waffelbäcker herstellten; und schließlich der *boute-hors* – der „Rausschmeißer»! – zu dem man Wein mit Gewürzen servierte. Zumindest der *boute-hors* wurde nicht mehr im

großen Speisesaal, sondern im „Herrenzimmer" serviert; die Gewürze, die man dabei zum Wein aß, regten sicherlich die Verdauung an.

Dieses Grundschema konnte auf ganz verschiedene Weise variiert werden. Wenn die Mittel der Gastgeber keine hohen Ausgaben erlaubten, beschränkte man die Zahl der Gänge auf drei oder sogar auf nur zwei. In diesem Fall verzichtete man auf Aperitif und Dessert – ein weiterer Beleg, daß die Trilogie Suppe/Braten/Zwischengericht die eigentliche Mahlzeit darstellte.

Natürlich mußte man sich auch nach der Jahreszeit richten, aber diese Zwänge stellten die Grundstruktur eines Menüs nicht in Frage. Olivier de la Marche empfiehlt folgende Vorspeisen: „Im Mai frische Butter, im Juni Erdbeeren oder Kirschen, im Juli Pflaumen oder Brombeeren, im August oder September Weintrauben."[8]

Bemerkenswert ist auch, daß Pasteten immer häufiger zum ersten Gang serviert wurden, sei es als Vorspeise wie bei den Festessen mit vier oder fünf Gängen, oder zusammen

Gemetzel bei Tisch. Miniatur aus einer Handschrift der *Histoire du Grand Alexandre (Geschichte Alexanders des Großen)*, 15. Jahrhundert. Diese bemerkenswerte Szene zeigt uns auch, wie wenig stabil die Tische waren – einfache Bretter auf Böcken, die man leicht umwerfen konnte. Außerdem erkennt man runde und rechteckige Schneidebretter.

Paris, Petit Palais.

Tafel während der Jagd. Miniatur aus einer Handschrift des *Buches über die Jagd* von Gaston Phébus. Obwohl es sich um ein einfaches Mahl bei der Jagd handelt, bleiben die äußeren Formen und die hierarchische Ordnung gewahrt.
Paris, Bibliothèque Nationale.

mit den Suppen bei kürzeren Mahlzeiten. Zur gleichen Zeit tauchten in Kochbüchern eine immer größere Zahl von Pastetenrezepten auf; vor allem die Menschen im 15. Jahrhundert scheinen Pasteten für ihr Leben gern gegessen zu haben.

Doch die französische Küche fand in Europa keine Nachahmer. Die Katalonier rühmten sich im 14. Jahrhundert, die Reihenfolge der Gerichte im Vergleich zu anderen Ländern umgedreht zu haben, da man bei ihnen den Braten vor der Suppe servierte. Und der Aufbau englischer Menüs wirkt eher konfus; hier gab es bei allen Gängen gebratenes Fleisch.

Bad und Imbiß. Bildteppich mit der Darstellung des *Verlorenen Sohnes*, Nürnberg, 1460–1470, Ausschnitt. Ein erfrischendes Bad, bei dem eine leichte Mahlzeit gereicht wird, besiegelt das Wiedersehen und ist der Auftakt zu noch größeren Freuden.

▷ *Großes Bankett.* Valerius Maximus, Miniatur aus einer französischen Übersetzung aus dem 15. Jahrhundert. Mit Ausnahme einiger Kannen sind die beiden Tische eher bescheiden gedeckt: Servierteller, Schneidebretter, Schüsseln und Trinkbecher; offensichtlich müssen sich viele Gäste das Geschirr teilen. Im Vergleich zu den beiden Hauptpersonen links wirken die anderen Gäste eher klein – vielleicht wollte der Künstler durch die Körpergröße den jeweiligen sozialen Rang deutlich machen.
Paris, Bibliothèque Nationale.

Standardmenüs aus dem *Ménagier de Paris*

Menü für „fette Tage":
1. Gang: Süßwein und Gebratenes, Kalbspasteten, Aalpasteten, Blutwürste und Würstchen.
2. Gang: Hasenpfeffer und Koteletts, Erbsen, Eingepökeltes, Rind- und anderes Fleisch, gekochter Aal und anderer Fisch (für die Gäste, die kein Fleisch mögen).
3. Gang: Braten – das heißt Kaninchen, Rebhuhn, Kapaun etc., große Hechte, Wolfsbarsch, Karpfen und eine in vier Teile geteilte Suppe.
4. Gang: Wildgeflügel mit Sauce, Milchreis, Pasteten mit heißer Sauce und Aal.
5. Gang: Lerchenpastete, Fleischpastete, Milch mit Speck, süßer Pudding.
6. Gang: Birnen und Süßigkeiten, Mispeln und geschälte Nüsse. Waffeln und gewürzter Wein.
(S. 175)

Essen für Fastentage:
1. Gang: Gekochte Äpfel, frische Feigen, Süßwein, Kresse und saurer Hering, Erbsen, Maifische, eingepökelte Aale, Heringe und eingepökelten Wal, helle Brühe mit Barsch, gebratener Tintenfisch.
2. Gang: Süßwasserfisch (das Beste, was man gerade bekommt) und Meerfisch mit heißer Sauce, Schleien, Krebse, Pastete mit Brassen und gekochte Schollen.
3. Gang: Braunfisch als Mus, Pasteten auf nordische Art und gebratene Makrelen, gebratenen Aal, Pfannkuchen, Austern, gebackenen Tintenfisch und Hecht in Biskuitteig.
(S. 182)

Mahlzeit im Familienkreis. Miniatur, frühes 15. Jahrhundert. Eine Familie hat sich um einen runden (ein selten dargestelltes Motiv) und bescheiden gedeckten Tisch versammelt. Solche Szenen wurden nur selten einer künstlerischen Darstellung für wert erachtet.

Oxford, Bodleian Library.

Zwischengerichte und Unterhaltungseinlagen

Der Höhepunkt eines mittelalterlichen Banketts war paradoxerweise dann erreicht, wenn man das Essen unterbrach und sich verschiedenen Unterhaltungseinlagen zuwandte, den „entremets", das heißt, „was zwischen den Speisen kommt".

Man ließ Jongleure, Akrobaten, Schauspieler, Musiker und Bärendompteure herein, die für die Unterhaltung der Gäste sorgen sollten. Manchmal nahm das Spektakel auch größere Ausmaße an: Bei dem Festessen, das Kardinal Annibal de Ceccano 1343 für Papst Clemens VI. gab, fand ein richtiges Turnier im Saal statt. Während des Banketts, das König Karl V. 1378 ausrichtete, wurde die Einnahme Jerusalems durch die Kreuzfahrer nachgespielt. Diese Vorführungen, in der Folgezeit Zwischenspiele genannt, waren für die Herausbildung des modernen Theaters ebenso bedeutsam wie die Mysterienspiele.

Doch der Begriff „entremets" bezeichnete auch bestimmte Speisen, die nach dem Braten, vermutlich während der Unterhaltungseinlagen, serviert wurden. Solche Zwischengerichte konnten sehr einfach sein, eine safrangewürzte Getreidesuppe etwa, während andere dem Koch Gelegenheit boten, sein ganzes Geschick zu zeigen, wie die „Pasteten auf Parma-Art", die mit ganz unterschiedlichen Zutaten gefüllt und wie Schlösser mit Zinnen versehen waren, auf die man die Fahne der anwesenden Herren steckte. Manche Zwischengerichte waren verschwenderisch mit Blattgold oder -silber verziert – die Gelegenheit für den Hausherrn, seinen Reichtum zur Schau zu stellen.

Der Gipfel der Kunst war mit dem „Schwan im Federkleid" erreicht; er wurde dafür gebraten, gefärbt und mit Silber und Gold bedeckt. Derselbe ästhetische Ehrgeiz zeigt sich bei der Zubereitung von Pfauen, die bei aristokratischen Festmählern eine wesentliche Rolle spielten. Es war Brauch, daß man über dem Kopf eines Pfaus Eide schwor, denn dessen Fleisch galt als unverweslich. Zu diesem Zweck richtete man das Tier sorgfältig her und befestigte mit einem Faden die bunten Federn, „als würde er ein Rad schlagen". Bei dem berühmten „Fasanenbankett" hatte man diesen Vogel gewählt, weil er orientalischen Ursprungs war und so den Schwur der Gäste, am Kreuzzug teilzunehmen, sinnfällig symbolisieren konnte.

Neben Unterhaltungseinlagen und solchen Zwischengerichten wie „Pasteten auf Parma-Art", die sowohl von der Kochkunst wie von der Architektur inspiriert waren, gab es noch eine dritte Kategorie von „entremets", die mit der Küche ebenfalls nichts zu tun hatten: die „entremets de paintrerie", wie es in einer Handschrift des *Viandier* heißt, also bemalte Kulissen oder Figuren. Aus Leinwand, Pergament, Holz und Blei wurden der „Schwanenritter", der „Turm", „der heilige Georg" oder „die heilige Martha" konstruiert. Aus solchen Materialien waren auch die „entremets" beim „Fasanenbankett". Vermittelt durch literarische und religiöse Anspielungen hatten diese „entremets" eine klare politische Aussage.[9]

Sich zu Tische begeben

Anders als heute war der Tisch im Mittelalter zumeist mobil; erst im 18. Jahrhundert setzte sich der feste Eßtisch in einem speziellen Eßzimmer durch.[10] Der Ausdruck „den Tisch herrichten" ist im Mittelalter wortwörtlich zu verstehen: Direkt vor dem Essen stellte man Böcke auf, über die ein Holzbrett gelegt wurde. War die Mahlzeit beendet, verschwand der Tisch ebenso schnell wieder. Dieses Verfahren war dem Leben dieser Höfe, die häufig den Ort wechselten, angepaßt; außerdem waren die einzelnen Räume noch nicht so speziellen Funktionen zugeordnet wie in späterer Zeit.

War der Tisch fertig gedeckt, nahmen die Gäste Platz. Wo jeder seinen Platz hatte, war nach einer strengen sozialen Hierachie festgelegt, die jeder genau kannte. Olivier de la Marche hat uns sehr detailgetreue Pläne hinterlassen. Waren mehrere Tische aufgestellt, zeigte sich der soziale Rang bereits daran, ob man mit am Tisch des Hausherrn oder des Ehrengastes saß oder nicht. Dieser Tisch stand manchmal erhöht auf einem Podium oder unter einem Baldachin. Nicht selten aß der Fürst jedoch auch allein. Weiter spielte es eine

Zecher in einem Wirtshaus. Miniatur aus der Wiener Handschrift des *Tacuinim sanitatis*, 15. Jahrhundert. Die Männer kosten Wein, der anscheinend mit Wasser vermischt ist. Diese Miniatur zeigt den *vinum rubeum grossum*, einen gewöhnlichen Rotwein mit hohem Alkoholgehalt, der für das gemeine Volk bestimmt war.

Wien, Nationalbibliothek.

SCHWÄNE UND PFAUEN IM FEDERKLEID

Schwänen sollte man aufblasen und sie abziehen, nachdem man sie zuvor überbrüht hat. Daraufhin schlitzt man den Bauch auf und spießt den Rumpf auf, der gegrillt wird. Eine goldgelbe Farbe verleiht man ihm, indem man ihn mit einer Mischung aus Mehl und ganzen Eiern bestreicht und gleichzeitig den Spieß stetig dreht. Dann könnt Ihr, wenn es Euch beliebt, den Schwan wieder in seine Haut kleiden. Man sollte dazu kleine Holzspieße haben, die am Schwanenhalz angebracht werden, auf daß er aufrecht steht, so als sei der Schwan noch lebendig...
Pfauen sollte man aufblasen wie Schwäne und sie auf dieselbe Art und Weise goldgelb braten... Hat man ihnen wieder ihr Federkleid übergezogen, braucht man Spieße aus feinem, dünnen Holz, um sie durch die Schwanzfedern zu ziehen oder etwas Kupferdraht, um die Federn so aufzurichten, als schlüge der Pfau ein Rad.

Viandier du Vatican, S. 130.

Pfauenschwur. Miniatur aus einer Handschrift der *Histoire du Grand Alexandre (Geschichte Alexanders des Großen)*, 15. Jahrhundert. Diese Miniatur zeigt den „sechsten Eid der schönen Dame Edea“. Bei großen Festmählern wurden die Gäste aufgefordert, über dem Kopf eines Pfauen, den die Köche in seiner ganzen Federpracht angerichtet hatten, zu schwören. Pfauenfleisch galt seit dem Altertum als unverweslich.
Paris, Petit Palais.

▷ *Krug Karls des Großen.* Wahrscheinlich waren solche Werke der Goldschmiedekunst eher dazu gedacht, Edelsteine und Edelmetalle zu horten, und weniger für den tatsächlichen Gebrauch bestimmt.
Schatzkammer der Abtei Saint-Maurice.

Rolle, wie weit entfernt man vom Ehrentisch saß – ungünstig war es natürlich, wenn man gar in einen anderen Raum verbannt wurde. Bei der Feier zur Inthronisation des Erzbischofs von York im Jahre 1466 gab es sage und schreibe sechzehn Tische, die auf vier Räume aufgeteilt waren. Auch an jedem Einzeltisch mußte eine strenge Rangordnung zwischen den Ehrenplätzen am oberen Tischende und den gewöhnlichen Plätzen am unteren Ende gewahrt bleiben.

Die Verteilung der Gäste an den Tischen – oft nur an einer Seite – entschied auch darüber, zu welchen Speisen sie ihm Rahmen der „Bedienung auf französische Art“ Zugang hatten oder nicht. Außerdem führte die Tischordnung häufig zu – nicht immer angenehmen – Annäherungen, wenn man etwa mit seinen Nachbarn teilen mußte.

Politisches Bankett. Miniatur aus einer Handschrift der *Chronik* des Froissart, 14. Jahrhundert. Bankette begleiteten auch diplomatische Zusammenkünfte, wie hier bei der Begegnung zwischen dem Herzog von Lancaster und dem König von Portugal. Ein Fürst fand so die Gelegenheit, Feinden oder Verbündeten seine Macht zu demonstrieren. Selbstverständlich war es auch Zweck solcher Bankette, die Rangordnung demonstrativ vor Augen zu führen, wie die Gruppierung der Bischöfe rechts im Bild zeigt. Interessant ist auch die Darstellung von Köchen links im Bild.

London, British Library.

Tischordnungen
Das Fasanenbankett (Lille, 17. Februar 1454)

1.Tisch: Ehrentisch, mittelgroß. Rechts vom burgundischen Herzog Philipp dem Guten, der das Bankett ausrichtete, Reihenfolge entsprechend dem Verwandtschaftsgrad: Isabella von Bourbon, seine Nichte und Verlobte des Grafen von Charolais; Herzog Johann von Clèves, sein Großneffe; Beatrix von Portugal, seine angeheiratete Nichte; Isabella von Portugal, seine Gattin; Maria von Burgund, seine uneheliche Tochter.
Links vom Herzog: Isabella von Burgund, seine Großcousine und Gattin des Johann von Kleve; der Graf von Saint-Pol; Maria von Vieville, Gattin des unehelichen Sohnes Anton von Burgund; Jacques, Grundherr aus Pons; die Gattin des Kanzlers Nicolas Rolin.
2.Tisch: großer Tisch mit zahlreichen Rittern, Damen und Fräulein, darunter (laut Olivier de la Marche): der Graf von Charolais, Sohn des Herzogs; Johann von Burgund, sein Cousin; Adolf von Kleve, jüngerer Bruder des Herzogs von Kleve; Johann von Coimbra, Neffe der Herzogin; Seigneur von Fiesnes, Bruder des Grafen von Saint-Pol; Anton, Bastard von Burgund; Graf von Boucam, Gatte der unehelichen Tochter Anna; Graf Jacques von Hornes.
3.Tisch: kleiner Tisch für Edelleute und Fräulein; ihre Namen nennt Olivier de la Marche nicht.
(Lafortune-Martel, *Fête noble*, S. 104–108)

Fest bei der Inthronisation des Erzbischofs von York (1466)
(die Nummern bezeichnen die Rangordnung der Tische):
A – in der Halle:
1) am hohen Tisch: der Erzbischof mit drei Bischöfen, einem Herzog und zwei Grafen
2) Äbte und Priore
3) Lords und Ritter
4) Dekane
5) Magistratsbeamte
6) Juristen
7) ehrenwerte Gentlemen *(esquires)*
B – im „Käsezimmer":
1) der Herzog von Gloucester, Bruder des Königs, umgeben von Komtessen
2) Baronessen
4) Frauen der Adligen
C – im zweiten Zimmer:
1) der alte Herzog von Suffolk mit Komtessen und Ladies
2) Ladies
D – im großen Saal:
1) Bischöfe
2) Grafen, Lords und Barone
3) Adlige mit Gattinnen
4) Adlige, Bürger und reiche Bauern
E – in der Galerie halten sich die Diener auf.
(Warner, *Antiquitates*)

Gemeinsames Essen aus einer Schüssel

Allein der Fürst besaß ein komplettes Gedeck mit Messer, Löffel, Schneideteller aus wertvollem Metall, Schüssel und Humpen zum Trinken. Die übrigen hatten kaum einen Löffel und ein Messer, beides oft selbst zu einer Einladung mitgebracht. Die Schüsseln, in denen Suppen und Pürees serviert wurden, mußten sich jeweils zwei Gäste teilen – daher sind die Menüs im *Ménager de Paris* auch nach der Anzahl der *Schüsseln* berechnet. Auch den Trinkbecher mußte man mit seinem Nachbarn teilen.

Fleisch nahm man mit den Fingern vom gemeinsamen Teller und legte es dann auf eine runde oder eckige Holz- oder Metallplatte, häufig aber auch nur auf ein Stück altbakkenes Brot minderer Qualität, das zum Auftunken der Sauce diente. Gabeln hatten Seltenheitswert, und eine byzantinische Prinzessin, die im 10. Jahrhundert den Dogen geheiratet hatte und eine Gabel benützte, rief unter den Venezianern einen wahren Skandal hervor. Als die Prinzessin bald darauf starb, ließen die Kirchenmänner es sich nicht entgehen, ihren Tod als Strafe Gottes zu erklären. Wenn man überhaupt eine Gabel benutzte, dann für die Dessertfrüchte, in Wein gekochte Äpfel oder Birnen. Im Spätmittelalter belegen literarische Texte allerdings, daß man auch Makkaroni mit der Gabel aß. Auf jeden Fall handelte es sich um ein wertvolles Besitzstück – die Herzogin Valentine von Orléans besaß eine einzige, allerdings aus Gold.[11]

Es ist daher nur zu verständlich, daß Anstandsfibeln so beharrlich auf der Sauberkeit von Mund, Händen oder Messer insistierten; schließlich bediente man sich aus gemeinsamen Schüsseln. Im Spätmittelalter entstanden in der Tat die ersten Abhandlungen über ordentliche Tischsitten. Häufig von Geistlichen für Kinder geschrieben, zeugen sie von einer gewachsenen Empfindlichkeit gegenüber körperlicher Unsauberkeit. Außerdem wollten sie eine „höfische" Lebensweise fördern, die sich an den Fürstenhöfen gerade entwickelte.

Natürlich führte diese enge Nachbarschaft bei Tisch so manches Mal zu Problemen, wie etwa im Falle des Giovanni Cascio, der verzweifelt entdeckte, daß er die Makkaronischüssel mit einem berüchtigten Vielfraß teilen sollte. Franco Sacchetti, ein italienischer Novellist des 14. Jahrhunderts, erzählt, daß besagter Giovanni begann, dem Hund Makkaroni zuzuwerfen, was den anderen Gast schließlich dazu bewog, langsamer zu essen.[12]

Diese Tischsitten und Bräuche widerspiegeln ein ganzes System des geselligen Umgangs. Sein Schneidebrett mit jemandem zu teilen konnte auch eine erstrebenswerte Ehre oder die Gelegenheit zu einer Begegnung sein. Seinem Nachbarn Brot abzuschneiden, ihm den Vorrang beim Trinken zu lassen oder ihm das Fleisch zu schneiden waren geschätzte Zeichen der Ehrerbietung.

Mahlzeit der Leprakranken. Nürnberg, 1493. Die Leprakranken, die man an ihrer Klapper (auf der Bank rechts) erkennen kann, sind nach Nürnberg gekommen, um sich heilen zu lassen. Sie erhalten eine mildtätige Mahlzeit.

Tischsitten (15. Jahrhundert)

„Enfant qui veux être courtois
Et à toutes gens agréable,
Et principalement à table,
Garde ces règles en françois.
(Ein Kind, das sich gut benehmen will,
soll diese Regeln auswendig lernen.)

Lave tes mains
A ton lever, à ton dîner,
Et puis au souper sans finasser:
Ce sont trois fois à tout le moins.
(Wasch dir die Hände nach dem
Aufstehen und vor jeder Mahlzeit.)

Si tu es bien savant,
Ne mets pas la main le premier
Au plat, mais laisse y toucher
Le maître d'hôtel avant.
(Greif nicht als erster
nach der Schüssel.)

Garde que le morceau
Que tu auras mis en ta bouche
Une fois, jamais ne touche
Ni soit remis en ton vaisseau.
(Was du im Mund gehabt hast,
leg nicht aufs Geschirr zurück.)

Garde-toi de mâcher
En ta bouche pain ou viande
Outre que ton coeur ne demande,
Et puis après le recracher.
(Kaue nicht etwas, das du
wieder ausspucken mußt.)

Garde-toi qu'en la salière
Tu mettes tes morceaux
Pour les saler; ou tu fais mal,
Car c'est déshonnête de manière.
(Tunk nicht dein Essen ins Salzfaß.)

Ce t'est chose honteuse,
Si tu as serviette ou drap,
De boire dans un hanap
Avec la bouche sale et baveuse.
(Wisch dir den Mund ab, bevor du
aus dem Becher trinkst.)

Si tu fais en ton verre
Soupes de vin aucunement,
Bois tout le vin entièrement
Ou autrement jette-le à terre.
(Hast du Brot ins Weinglas gebrockt,
trink alles aus oder gieß es weg.)

Si ton nez est morveux,
Ne le torche de la main nue
De quoi la viande est tenue:
Le fait est vilain et honteux.
(Schneuz dich nicht in die bloße Hand.)

Mets ces dits en entente
Et les retiens en ton courage.
Le résidu de ton potage
Jamais à autrui ne présente."
(Merk dir diese Worte gut und biete nie
den Rest in deiner Schüssel
jemand anderem an.)
(Franklin, *Vie privée*, Bd.6, S.168–174.)

Mann mit Weinglas. Portugal, 1456. Unter *gula* (Sünde der Völlerei) verstand die Kirche nicht nur übermäßiges Essen, sondern auch übermäßiges Trinken.

Paris, Musée du Louvre.

▷ *Goldschmiede.* Miniatur aus einer Handschrift der *Politischen und ökonomischen Ethik* des Aristoteles, 15. Jahrhundert. Dieses Bild bezieht sich auf das Kapitel über Geld. Kostbares Geschirr, das man im Hintergrund des Ladens sieht, diente in der Tat als „Kapitalanlage".

Rouen, Bibliothèque Municipale.

Tische ohne Schmuck

Da es nur halb so viel Gedecke wie Gäste gab, waren die Tische eher leer. Noch seltener als Gedecke war anderes Tafelgerät, zumeist aus wertvollen Metallen und ebenso dekorativ wie nützlich – und daher ein weiteres Mittel sozialer Abgrenzung.

Das Salzfaß war eines dieser Utensilien. Am häufigsten waren jedoch Tafelaufsätze, die sich vor allem im Spätmittelalter großer Beliebtheit erfreuten: Ludwig I. von Anjou besaß einunddreißig, einer davon wog 81 Kilogramm! Auch in den Haushalten des niederen Adels gab es zwei oder drei Tafelaufsätze. Diese Aufsätze aus feinziseliertem Gold oder Silber, verziert mit Email oder Edelsteinen, hatten die Form eines Schiffes, das auf einem ebenfalls verzierten Sockel ruhte. Darin lag das Gedeck des Hausherrn: Trinkbecher, Metallplatten, auf denen das Fleisch aufgeschnitten wurde, Löffel, Serviette und Salzfaß. In diesen Tafelaufsätzen konnten auch Lebensmittel aufbewahrt werden: Gewürze, Konfitüren oder auch die Essensreste des Fürsten – dann nannte man sie „Almosentasche". Die Gestaltung dieser Tafelaufsätze als Schiffe könnte von den „Weihrauchschiffchen" in der Kirche inspiriert sein, doch möglicherweise gibt es auch andere Erklärungen. Auf jeden Fall waren diese Aufsätze ein Statussymbol. Wo der Tafelaufsatz stand, saßen der Hausherr und die Ehrengäste.[13]

Auch Gewürzkästchen, in denen die Gewürze aufbewahrt wurden, die man nach dem Essen zu sich nahm, sind in Nachlaßinventaren der Zeit erwähnt. Zahlreiches und kostbares Geschirr zu besitzen war ein Symbol von Macht, das man gerne zur Schau stellte. Gefäße für Wein – Becken, Krüge oder Kannen – wurden zum Beispiel auf einem Büffet aufgestellt (manchmal einfach ein Tisch mit Tischtuch, zumeist aber ein eigenes Möbelstück). In seiner „Epistel, wie man das vornehme Fest des goldenen Vlieses feiert" erklärt Olivier de la Marche, es sei „notwendig, ein Büffet so vorzubereiten, daß es zur Ehre gereicht, wozu man sich mit dem Wärter der Kleinodien besprechen muß, denn er weiß, welches Geschirr man aufbauen und zeigen kann". Geschirr diente also dem Prestige, und die Gäste waren aufgefordert, während des Essens seine Schönheit zu bewundern.[14]

Die Etikette

An den großen Höfen der damaligen Zeit – vor allem am burgundischen Hof – war eine Literatur entstanden, die den Ablauf und die Gestaltung von Banketten sowie die Speisenfolge minutiös festlegen wollte. Die berühmteste Abhandlung ist die bereits erwähnte von Olivier de la Marche, „Regeln des Haushalts von Herzog Karl von Burgund, genannt der Kühne".[15]

Als Haushofmeister mußte de la Marche nicht nur der Küche übermitteln, welche Speisen der Hausherr wünschte, sondern auch die Bedienung zu seiner Zufriedenheit organisieren. Mindestens drei Ämter gab es, deren Inhaber vor allem für die Bedienung des Fürsten verantwortlich waren.

Der *panetier* (zuständig für das Brot) bereitete die Brotscheiben für den Fürsten vor, mußte aber auch für Salz sorgen. Begleitet von seinen Gehilfen stellte er den Tafelaufsatz und das Salzfaß auf den Tisch. Zuvor hatte er bereits die Tischdecke aufgelegt. Der Mundschenk brachte den Wein und vermischte ihn je nach Geschmack des Fürsten mit Wasser; der *fruitier* (zuständig für das Obst) servierte „Dörrpflaumen, Kapern, Feigen, Datteln, Weintrauben, Walund Haselnüsse". Direkt neben dem Fürsten stand der Truchseß, der Brot und Fleisch schnitt und es seinem Herrn servierte. Wie auch die anderen Amtsträger war der Truchseß ein Adliger, der den Rest der Fleischstücke essen und auch vom Wein des Fürsten, der auf dem Büffet stand, trinken durfte. In gewisser Weise war er der nächste Tischgenosse des Fürsten.

Die Bedienung wurde vom Haushofmeister dirigiert wie ein Ballett, in dem jeder seinen Rang, seinen Platz und seine Funktion hatte. Der folgende Auszug, bei dem es um das Servieren des Weines geht, vermittelt eine Vorstellung davon: „Wenn der Tisch gedeckt ist und der *panetier* [seine Arbeit beendet hat], holt der Türsteher des Saales den Mundschenk, der an diesem Tag servieren muß, und führt ihn in den Schankraum. Hier reicht der Wäschemeister den bedeckten Trinkbecher, den der Mundschenk auf die rechte Hand stellt, während er in der linken Hand eine Tasse hält; [zugleich gibt der Wäschemeister] die Becken, Krüge und Kannen für den Fürsten an den Kellermeister weiter, der sie wäscht und abtrocknet; und der Kellermeister reicht dem Mundschenk den Becher. Dieser geht hinter dem Türsteher her, der wiederum die Becken in der linken Hand hält. Nach dem Mundschenk kommt der Kellermeister, der in der rechten Hand zwei silberne Krüge hält, einer für Wein, einer für Wasser, und der Krug des Prinzen muß kenntlich sein durch ein Stück von einem Einhorn, das mit einer Kette an diesem Krug befestigt ist. In der linken Hand muß der Kellermeister eine Tasse tragen und nicht mehr, und darin muß ein kleiner Krug sein, um das Wasser zu servieren. Die Tasse dient dem Kellermeister dazu, den ersten Schluck, den der Mundschenk ihm gibt, zu probieren. Nach dem Kellermeister kommt der Gehilfe, der die Krüge und Tassen für das Büffet des Fürsten bringt."

Jeder Gegenstand legte also einen ganz bestimmten Weg zurück, jede Handbewegung war genau festgelegt. Es handelte sich um ein wahrhaftes Ritual, das seinen Ursprung, wie der Text zu erkennen gibt, zu einem großen Teil in der Furcht vor Vergiftung hatte: „Sitzt der Fürst bei Tisch und hat den Teller vor sich, ruft der Haushofmeister den Mund-

Geschirr als Geschenk. Miniatur aus einer Handschrift der *Grandes Chroniques de France (Großen Chronik Frankreichs)*, 1375–1379. Es war Tradition, daß die Städte den Herrschern bei ihrer Ankunft kostbares Geschirr überreichten, so wie hier Repräsentanten der Stadt Paris zu Ehren von Kaiser Karl IV. Auf dem Tisch stehen Kannen, Tafelaufsätze und Wasserbehälter.
Paris, Bibliothèque Nationale.

▷ *Kerzenständer.* Lothringen, 15. Jahrhundert.
Paris, Musée des Arts décoratifs.

schenk, und der Mundschenk verläßt den Tisch und geht zum Büffet, wo die zugedeckten Becken stehen, die der Kellermeister vorbereitet hat; er nimmt sie und läßt den Kellermeister das Wasser probieren, dann kniet er vor dem Fürsten nieder, hebt das Becken, das er mit der linken Hand öffnet, und gießt Wasser aus dem anderen Becken hinein, das er prüft und kostet. Dann gibt er aus dem einen Becken Wasser zum Waschen und fängt das Wasser mit dem anderen Becken auf. Ohne die Becken wieder zu bedecken, reicht er sie dem Kellermeister. Danach stellt sich der Mundschenk neben den Becher und beobachtet den Fürsten; und er muß so aufmerksam sein, daß der Fürst nur ein Zeichen zu geben braucht, wenn er neuen Wein verlangt."

Das bedeutete jedoch nicht, daß der Fürst sofort bedient wurde, denn der Mundschenk „nimmt nach dem Zeichen Becher und Tasse in die Hand, den Becher muß er hochhalten, damit sein Atem ihn nicht streift. Der Türhüter des Saales öffnet ihm, und wenn der Kellermeister ihn kommen sieht, füllt er seinen Krug mit frischem Wasser und wäscht den Becher in der Hand des Mundschenks innen und außen, dann nimmt er eine Tasse in die linke Hand und den Krug in die rechte Hand und gießt zuerst etwas in die Tasse und dann in den Becher, dann gießt er aus der Kanne etwas in die Tasse und verdünnt den Wein im Becher je nach Geschmack und Veranlagung des Fürsten... Ist der Wein verdünnt, gießt der Mundschenk etwas aus dem Becher in die Tasse und verschließt besagten Becher wieder. Den Deckel muß er mit den beiden kleinen Fingern der Hand halten, in der er auch die Tasse hat, bis der Becher verschlossen ist und er die Tasse dem Kellermeister gereicht hat. Dieser gießt etwas in seine Tasse und muß vor dem Mundschenk probieren. Darauf trägt der Mundschenk den Becher zum Fürsten und öffnet den Deckel. Dann gießt er etwas Wein in die Tasse und probiert selbst. Wenn der Fürst die Hand ausstreckt, reicht der Mundschenk ihm den offenen Becher und hält die Tasse darunter, bis der Fürst getrunken hat."

Panische Angst vor Vergiftungen – im Spätmittelalter ein beliebtes Mittel zur Lösung politischer Konflikte – erklärt ganz offensichtlich, warum man Gefäße so beharrlich verschloß und auf häufiges Vorkosten bestand. Bei den „Tests", die nachweisen sollten, daß ein Produkt nicht vergiftet war, benützte man auch das Horn eines Einhorns (dieses Fabelwesen war Symbol der Jungfräulichkeit), das unreine Flüssigkeiten angeblich sofort zum Schäumen brachte. Alle Speisen wurden überprüft, namentlich das Salz, bei dem man „Schlangenzungen" verwendete (kleine Messer, die mit Schlangenhaut überzogen waren). Auch der *panetier* mußte alles vorkosten, was aus der Küche kam. Man kann sich vorstellen, daß diese Vorsichtsmaßnahmen das Vergnügen am Essen manchmal erheblich einschränkten.

Völlerei. Hieronymus Bosch, „Die Schlemmerei", Segment aus dem Tondo (Rundbild) *Die sieben Todsünden.* Die Kirche machte keinen Unterschied zwischen dem Vielfraß und dem Feinschmecker; der Begriff *gula* meint sowohl Völlerei als auch Genußsucht. Die *gula* ist eine der sieben Todsünden, die direkt in die Hölle führen.

Madrid, Museo del Prado.

Schlußbemerkung

Die Ausführungen dieses Buches haben gezeigt, daß im Mittelalter eine eigenständige und anspruchsvolle Kochkunst entstanden war. Man könnte sogar die Frage stellen, ob die mittelalterliche Kultur nicht sogar eine eigene Feinschmeckerkultur hervorgebracht hat.

Wir besitzen aus dieser Epoche keine vergleichbaren Werke wie die Brillat-Savarins oder Grimod de la Reynières oder – aus der Römerzeit – eines Athenäus. Es gibt jedoch verschiedene Anzeichen dafür, daß der Genuß am Essen über den Berufsstand der Köche hinaus ein Thema war, das reges Interesse fand – daß es sozusagen einen „Feinschmekkerdiskurs" gab.

So bekennt der Autor der Rezeptsammlung *Tractatus* (genauer der „Abhandlung, wie man alle Arten von Speisen würzt und zubereitet"), der ganz und gar kein Koch war, seine gastronomische Neugier, die ihn bei der Ausarbeitung seines Buches geleitet habe: „Als ich noch in der vollen Kraft meiner Jugend stand, bin ich in verschiedenen Gegenden der Welt herumgekommen, und ich habe die Sitten an verschiedenen berühmten Höfen, bei Rittern, Äbten, Fürsten und anderen Großen beobachtet. Dort habe ich zahlreiche delikate Gerichte kennengelernt."[1]

Über eigentliche Kochbücher hinaus kann man die Klagen der jungen Gräfin von Anjou, die vor einem blutschänderischen Vater aus dem Familienschloß fliehen mußte, anführen. In dem Bauernhaus, in dem sie Zuflucht gefunden hatte, setzte man der Gräfin ein sehr einfaches Mahl vor, das bei ihr sofort Heimweh nach der gräflichen Küche auslöste. Die aufgezählten Gerichte sind dieselben, die auch in den Kochbüchern der Zeit angeführt werden. Es ist interessant, daß der Autor des *Roman du Comte d'Anjou*, ein gewisser Jean Maillart, Notar am königlichen Hof war, also genau in dem Milieu lebte, in dem die zitierten Rezepte entstanden waren. Übrigens hat ein anderer königlicher Notar, Gervais Du Bus, diese einmalige Passage kulinarischer Sehnsucht in seinen *Roman de Fauvel* aufgenommen.

Es scheint daher offensichtlich, daß die Feinschmecker dieser Epoche nicht nur die Gerichte, die ihnen von großen Köchen serviert wurden, zu schätzen wußten, sondern auch die Rezepte kannten (die junge Gräfin von Anjou geht ganz explizit darauf ein). Außerdem suchten sie nach Nahrungsmitteln bester Qualität, die sie manchmal auch sehr teuer bezahlten. Ein Beleg dafür sind sprichwörtliche Redewendungen (sehr häufig im späten Mittelalter), die jedes Produkt der Stadt oder Region zuordneten, aus der die besten Sorten kamen. Hier eine ganze Liste von solchen „appellations contrôlées" (geprüften Herkunftsbezeichnungen): „Alsen aus Bordeaux, Stör aus Blaye, Meeraal aus La Rochelle,

Mahlzeit. Lateinische Bibel, 13. Jahrhundert. Die Darstellung von Mahlzeiten in Handschriften der Bibel verfolgte die Absicht, ein karges und schmuckloses Vorbild zu propagieren.
Paris, Bibliothèque Mazarine.

Klagen der Gräfin von Anjou:

Die junge Gräfin sitzt in der Bauernhütte, die ihr als Zuflucht dient, und betrachtet traurig das Schwarzbrot, das man ihr serviert hat. Sie trauert der Vergangenheit nach:

„Ach, ich Arme, zu einem solchen Leben bin ich nicht erzogen worden, als man mir bei meinem Vater feine und ausgesuchte Speisen brachte, gebratene Kapaune, Vögel, junge Hähnchen, Schwäne, Pfauen, Rebhühner, Fasane, Reiher und wohlschmeckende Rohrdommeln; Wild (von Hunden gehetzt und gejagt) in verschiedener Zubereitung, Hirsch, Damhirsch, Hase, Wildschwein, wie sie in unseren Wäldern leben, und sonst alles feine Wild; den besten Fisch des ganzen Landes hatte ich im Überfluß, Stör, Lachs und Scholle, Meeraal, Knurrhahn und Kabeljau, Butt und Barben, fette Makrelen und große Merlane, frische Heringe und Spierlinge, Meeräschen und Seezungen, Brachsen und Muscheln; verschiedene Fische aus Flüssen und Seen wurden mir auf mannigfaltige Weise serviert, sorgfältig zubereitet, mit Pfeffer, mit Sauce cameline; ich hatte Hecht, große Neunaugen, Karpfen, Plötzen und Brachsen, gewürzt und zubereitet, als wären es andere Gerichte, Forellen in Pasteten habe ich gegessen, gebratene Häslinge in saurer Sauce, fette Aale in Teig oder kurz gebraten, und geräuchertes Schweinefleisch, wie die Köche es nach ihren Rezepten zubereiten ..."

Die Liste geht noch weiter!

(Jehan Maillart, *Le Roman du comte d'Anjou*, hrsg. v. M. Roques, Paris 1974, S. 34f.)

Neunauge aus Nantes, Tintenfisch aus Coutances, Heringe aus Fécamp, Steinbeißer aus Bar-sur-Seine, Lachs aus der Loire, kleine Aale aus der Eure, Aale aus Fécamp, Barben aus Saint-Florentin, Krebse aus Bar, Hecht aus Châlons, Forellen aus Andéli, Häslinge aus Aise. Pasteten aus Paris, Kuchen aus Dourlens, Pudding aus Chartres, Bier aus Cambrai, Kutteln aus Saint-Denis, Käse aus Brie, Eßkastanien aus der Lombardei, Püree aus Arras, Senf aus Dijon, Birnen aus Saint-Rieule, Knoblauch aus Gandeluz, Zwiebeln aus Corbei, Schalotten aus Etampes."[2]

Die Sünde der Völlerei

Derart anspruchsvolle Geschmäcker wurden von der Kirche natürlich verurteilt. Völlerei gehörte zu den sieben Kardinalsünden, und die Qualen der Hölle drohten dem Feinschmekker wie dem Vielfraß. Damit sie auch an die begangenen Sünden erinnert würden, hieß es, sie würden in der Hölle schmoren, kochen oder braten.

Höllendarstellungen bilden daher oft kulinarische Handlungen ab. Und manchmal mit großem Detailreichtum. In einem Gedicht mit dem Titel *Höllentraum* schildert Raoul de Houdenc, auf welche Weise verschiedene Sünder in der Hölle zubereitet werden: besiegte Kämpfer in Knoblauch, „alte Huren" in grüner Sauce oder in Teig gebacken, alte Priesterinnen mit Schnittlauch und „schwarze Nonnen" im Schlafrock. Fette Wucherer wurden gespickt, Diebe und Mörder in Knoblauch angerührt und „Böcke" (Homosexuelle) am Spieß gebraten, während Meineidige gefüllt wurden und ihre Zunge (Symbol ihrer Sünde) in Butter gebraten und als Zwischengericht serviert wurde! Selbst die Dämonen der Hölle hegten also kulinarische Wünsche, und hinter der Wohlgefälligkeit, mit der die Geistlichen solche infernalischen Gerichte schildern, scheint doch etwas anderes zu stecken als Abscheu.

Mönchisches Vorbild. Magister Consolus, „Der heilige Bernhard befiehlt dem Raben, das Brot fortzuschaffen", 13. Jahrhundert. Der karg gedeckte Tisch des Heiligen unterscheidet sich diametral von den prächtigen Tafeln, an denen die Mönche des von ihm gegründeten Ordens im Spätmittelalter speisten. In dieser Episode befiehlt der Heilige seinem zahmen Raben, das vergiftete Brot, das ihm ein mißgünstiger Priester geschickt hatte, zu entfernen.
Subiaco, Sacro Speco.

◁ *Schale.* Paris, 15. Jahrhundert. Die Treibarbeit zeigt die beiden Kundschafter, die mit einer riesigen Weintraube aus dem Land Kanaa zu Moses und den Israeliten zurückkehren. Wahrscheinlich handelt es sich bei dieser Schale um ein Weingefäß.
Paris, Musée des Arts décoratifs.

Abstinenz. Miniatur aus einer Handschrift des *Buchs der guten Manieren* von Jacques Le Grant, 15. Jahrhundert. Auch die weltliche Literatur versuchte, neben der höfischen Ethik der Tischmanieren auch das mönchische Ideal der Einfachheit zu verbreiten.
Chantilly, Musée Condé.

Das Erbe des Mittelalters

Die mittelalterliche Küche ist in vieler Hinsicht anders als die unsrige, da Geschmäcker und Bräuche sich tiefgreifend verändert haben. Aber diese Kluft ist nicht an einem Tag entstanden. In kulinarischer Hinsicht erweist sich die Renaissance nicht als ein Jahrhundert großer Veränderungen und Umbrüche.

Durch die Entdeckung Amerikas kamen zwar neue Nahrungsmittel nach Europa – Tomaten, Piment, Mais, Kartoffeln oder grüne Bohnen. Aber sie fanden nur sehr langsam Anklang in der Küche und wurden bis ins 18. Jahrhundert äußerst selten verwendet. Auch der italienische Einfluß auf die französische Küche war minimal. Die Rolle Katharinas von Medici bei einer angeblichen Erneuerung der französischen Kochkunst ist nichts anderes als eine Legende für Historiker, welche die Kunst der Renaissance als einzigen Maßstab nehmen.

Die Kochbücher aus dem 16. Jahrhundert sind zwar nicht identisch mit ihren Vorgängern, ähneln ihnen aber noch sehr. Die große Veränderung fand später, in der Mitte des 17. Jahrhunderts statt, als eine neue Generation von Köchen und Kochbuchautoren laut ihre Loslösung von der „gotischen" Küche proklamierten. Sie stigmatisierten „die alte, abstoßende Art, Speisen zuzubereiten", während Franzosen auf Reisen sich in anderen Ländern wie Polen oder Spanien über die Verwendung von Gewürzen wunderten, auf die sie selbst verzichtet hatten.[3]

So begann die Legende von der düsteren Küche des Mittelalters. Dieses Buch hat hoffentlich gezeigt, wie ungerechtfertigt dieses Urteil ist.

Köche. Holzschnitt aus Giovanni Rossellis *Epulario* der Kochkunst, 16. Jahrhundert. Mehrere Köche mit speziellen Aufgaben arbeiten in einer gut ausgestatteten Küche. Der *Epulario* ist ein italienisches Lehrbuch, das 1516 zum erstenmal erschienen ist, aber lediglich die weit älteren Rezepte des Maestro Martino enthält.

Anmerkungen

Vorwort

1 B. Laurioux, „Le mangeur de l'an Mil", *L'Histoire* 73, 1984.
2 Contamine, *Vie quotidienne*, S. 228.
3 *Deux Jeux de Carnaval de la fin du Moyen Age*, hrsg. v. J.- C. Aubailly, Paris 1978, S. 22. Vgl. auch M. Grinberg u. E. Kinser, „Les combats de Carnaval et de Carême", *Annales. Économies, Sociétés, Civilisations (AESC)*, 1983, S. 65–98.

Die Tafeln der Reichen und die Kost der Armen

1 Vgl. H. Neveux in *L'Histoire de la France rurale*, hrsg. v. G. Duby u. A. Wallon, Bd. 2, Paris 1975, S. 59.
2 Ders., „L'alimentation du XIVe au XVIIIe siècle: essai de mise au point", *Revue d'histoire économique et sociale (RHES)*, 1973, S. 336–377; F. Piponnier, „Recherches sur la consommation alimentaire en Bourgogne au XIVe siècle", *Annales de Bourgogne*, 1974, S. 65–111.
3 L. Stouff, *Ravitaillement*, passim.
4 B. Benassar u. J. Goy, „Contribution à l'histoire de la consommation alimentaire du XIVe au XIXe siècle", *AESC*, 1975, S. 402–430.
5 M. Sommé, „L'alimentation quotidienne à la cour de Bourgogne au milieu du XVe siècle", *Les Problèmes de l'alimentation*, S. 103–117.
6 Vgl. die Beiträge von M. Montanari u. J.-P. Sosson beim Kolloquium von Nizza: *La Chasse au Moyen Age*, Paris 1980.
7 Lafortune-Martel, *Fête noble.*
8 P. Charbonnier, „L'alimentation d'un seigneur auvergnat au début du XVe siècle", *Les Problèmes de l'alimentation*, S. 77–101.
9 M. Rouche, „La faim à l'époque carolingienne: essai sur quelques types de rations alimentaires", *Revue historique (RH)*, 1973, S. 295–320, und „Les repas de fête à l'époque carolingienne", *Manger et Boire*, Bd. 1, S. 265–295.
10 G. De Valous, *Le Monachisme clunisien des origines au XVe siècle*, Bd. 1, Paris 1970 (2.Aufl.), S. 250–287 und L. Moulin, *La Vie quotidienne des religieux au Moyen Age*, Paris 1978.
11 M. De Manteyer, „Le Menu général de Monsieur le Dauphin (1763) et la Maison du Dauphin Humbert II (1336)", *Bulletin de la Société d'Etudes historiques, scientifiques et littéraires des Hautes-Alpes*, 1941.
12 Zitiert bei A. J. Grieco, *Classes sociales*, S. 88.
13 Contamine, *Vie quotidienne*, S. 166.

Auf der Suche nach dem mittelalterlichen Geschmack

1 Vgl. das Buch von A. Franklin, *Vie privée*, in dem man alle bekannten Vorurteile über die mittelalterliche Küche finden kann.
2 Vgl. Platine [J.-L. Flandrin], „Les sauces légères du Moyen Age", *L'Histoire* 35, S. 87 ff.
3 J.-L. Flandrin u. M.-C. Phan, „Les métamorphoses de la beauté féminine", *L'Histoire* 68, S. 50 ff.
4 Die folgenden Seiten stützen sich im wesentlichen auf B. Laurioux, „De l'usage des épices dans l'alimentation médiévale", *Médiévales* 5, 1983, S. 15–31.
5 Vgl. B. Laurioux, „Et le poivre conquit la France", *L'Histoire* 67.
6 J. Le Goff, „L'Occident médiéval et l'océan Indien: un horizon onirique", *Pour un autre Moyen Age*, Paris 1977, S. 280–298.
7 Joinville, *Histoire de Saint Louis*, 124, übersetzt aus dem Altfranzösischen.
8 Die folgenden Seiten stützen sich u. a. auf die Arbeiten von J.-L. Flandrin: „Internationalisme, nationalisme et régionalisme dans la cuisine des XIVe et XV siècles: le témoignage des livres de cuisine", *Manger et Boire*, S. 75–91, und „Le goût et la nécessité: sur l'usage des graisses dans les cuisines d'Europe occidentale", *AESC*, 1983, 2, S. 369–401.
9 Vgl. meinen Beitrag zusammen mit Odile Redon im Dossier „pâtes" der Zeitschrift *Médiévales* 17, 1989, außerdem im selben Dossier die Artikel von Françoise Sabban über China und von Bernard Rosenberger über die moslemische Welt.
10 W. Caxton, *The Description of Britain*, Kap. 19 u. 21. Ich halte mich hier an M. Collins Übersetzung ins moderne Englisch, London 1988.
11 J.-Ch. Cassard, „Les premiers immigrés: Heurs et malheurs de quelques Bretons dans le Paris de Saint Louis", *Médiévales* 6, 1984, S. 85–94.
12 D. Jacquart, „Le regard d'un médecin sur son temps: Jacques Despars", *Bibliothèque de l'Ecole des Chartes (BEC)*, 1980, S. 35–86; Stouff, *Ravitaillement*, S. 195.
13 H. de Saint-Victor, *De Institutione Novitiarium*, im 14. Jahrhundert ins Französische übersetzt von J. de Vignay. Zitiert bei Franklin, *Vie privée*, Bd. 6: *Les repas*, Paris 1889, S. 150 u. 157.

Nahrungsmittelherstellung und Märkte

1 R. Delort, „L'aliment-roi: le pain", *L'Histoire* 85 (Sondernummer „La cuisine et la table"), 1986, S. 96–102.
2 F. Desportes, *Le Pain au Moyen Age*, Paris 1987, S. 27f.
3 Die folgenden Ausführungen über Gemüse und Obst sind A. J. Griecos fesselnder Doktorarbeit *Classes sociales* verpflichtet, Kap. 4.
4 Stouff, *Ravitaillement*, S. 382.
5 Vgl. G. Duby, *Guerriers et Paysans*, Paris 1973; außerdem das vortreffliche Werk von M. Montanari, *L'alimentazione contadina nell'alto medioevo*, Neapel 1979.
6 Audoin, *Archéozoologie*, S. 174–181.
7 Grieco, *Classes sociales*, S. 92 u. 59.
8 X. Halard, „La pêche au saumon en Normandie du XIe au XVe siècle", *Journal of medieval History*, 1983, S. 173–178.
9 Delort, *Animaux*, S. 208–214.
10 G. Duby, *L'Economie rurale et la vie des campagnes dans l'Occident médiéval*, Bd. 2, Paris 1977, S. 257.
11 Stouff, *Ravitaillement*, S. 158–165, u. A. Lebigre, „La Grande Boucherie (XIIe–XIXe siècle)", *L'Histoire* 17, 1979, S. 41–49.
12 Stouff, *Ravitaillement*, S. 116–123.
13 Audoin, *Archéozoologie*, S. 131–143.
14 Stouff, *Ravitaillement*, S. 184–190.

15 Grieco, *Classes sociales*, S. 41ff.
16 J.-R. Pitte, „Le pays aux 265 fromages“, *L'Histoire* 85, 1986, S. 25–31.
17 Duby, *Economie*, S. 146.
18 Delort, *Animaux*, S. 223f.
19 Stouff, *Ravitaillement*, S. 427.
20 Delort, *Animaux*, S. 223–245. Die vorangegangenen Seiten stützen sich auf dieses Kapitel.
21 Stouff, *Ravitaillement*, S. 213 ff., und Delort, *Animaux*, S. 240.
22 L. Plouvier, „La confiserie européenne au Moyen Age“, *Medium Aevum Quotidianum* 13, S. 28–47.
23 Henisch, *Fast*, S. 108.
24 Vgl. Dion, *Vigne*, und Lachiver, *Vins*, zwei Standardwerke, auf die sich die folgenden Seiten vor allem stützen.
25 J.-L. Flandrin, „Vins d'hier: fonctions et usages sociaux“, *La Vigne et le vin*, Ausstellungskatalog der Cité des sciences et de l'industrie, La Manufacture, Paris 1988, S. 298.
26 Zitiert von L. Moulin, „La bière, une invention médiévale“, *Manger et Boire*, Bd. 1, S. 15.
27 F. Byer, „Cervoise et bière au Moyen Age et à la Renaissance“, *Problèmes de l'alimentation*, S. 347–363.
28 Contamine, *Vie quotidienne*, S. 223f.
29 A. Bouton, „L'alimentation dans le Maine aux XVe und XVIe siècles“, *Problèmes de l'alimentation*, S. 159–172.

Köche und Küchen
1 J.-M. Pesez, „La maison médiévale (XIe–XIIIe siècle)“, *Materiaux*, S. 109–134; J. Chapelot u. R. Fossier, *Le Village et la maison au Moyen Age*, Paris 1980, S. 222–225; G. Bresc-Bautier u. a., „L'équipement de la cuisine et de la table en Provence et en Sicile (XIVe–XVe siècles)“, *Manger et Boire*, Bd. 1, S. 45–58; Levalet, „Observations“, S. 234.
2 Stouff, *Ravitaillement*, S. 257ff.; Piponnier, „Equipements“.
3 Levalet, „Observations“, passim.
4 M. Closson, „Les coutumes de la table du XIIe au XVe siècle à travers les miniatures“, *Manger et Boire*, Bd. 2, S. 30; P. Bertran, „La alimentacion de los pobres de Lérida en el ano 1338“, ebda., Bd. 1, S. 366.
5 *Mémoires d'Olivier de la Marche*, hrsg. v. H. Beaune u. J. d'Arbaumont, Paris 1888, Bd. 4.
6 Pichon-Vicaire.
7 Scully, „Fait de cuisine“, S. 115.
8 Revel, *Festin*, S. 135.
9 J.-P. Deregnaucourt, „L'inventaire après d'Ysabel Malet, bourgeoise douaisienne, en 1359“, *Revue du Nord*, 1982, S. 707–729; M. Gonon, *La Vie quotidienne en Lyonnais d'après les testaments XIVe–XVIe siècles*, 1969, S. 252f.
10 *Ménagier de Paris*, S. 187.
11 Für alle Berufe im Nahrungsmittelbereich vgl. De Lespinasse, Bd. 1.
12 Bresc-Bautier, S. 49.
13 Henisch, *Fast*, S. 78.
14 Ph. u. M. Hyman, „Table et sociabilité au XVIe siècle: l'exemple du sire de Gouberville“, *Revue d'histoire moderne et contemporaine*, S. 465–471.
15 E. Chatelain, „Notes sur quelques tavernes fréquentées par l'Université de Paris aux XIVe et XVe siècles“, *Bulletin de la Société de l'histoire de Paris et de l'Ile de France*, 1898, S. 87–109; P. Champion, „Liste des tavernes de Paris d'après les documents du XVe siècle“, *ebda.*, 1912.
16 D. Jacquard, „Le regard d'un médecin sur son temps: Jacques Despars“, *Bibliothèque de l'Ecole des Chartes* 1980, S. 35–86; Langlois, *Vie en France*, S. 336.

Rituale und Bräuche bei Tisch
1 Contamine, *Vie quotidienne*, S. 228.
2 Alamy-Fruhauf, „Notes“.
3 Langlois, *Vie en France*, S. 196.
4 *Ebda.*, S. 80–83.
5 Alamy-Fruhauf, „Notes“; C. Vincent, „Assurance sur la mort: les confréries au Moyen Age“, *L'Histoire* 117, 1988, S. 8–17.
6 Lafortune-Martel, *Fête noble*.
7 Platine [J.-L. Flandrin], „L'ancien service à la française“, *L'Histoire*, 20, 1980, S. 90 ff.
8 La Marche, *Mémoires*, S. 182.
9 Lafortune-Martel, *Fête noble*, S. 25–54.
10 D. Alcouffe, „La naissance de la table à manger au XVIIe siècle“, *Table et Partage*, S. 57–65.
11 Henisch, *Fast*, S. 184ff.
12 Brunet-Redon, *Tables florentines*, S. 20–23.
13 F. Robin, „Le luxe de la table dans les cours princières“, *Gazette des Beaux-Arts*, Bd. 86, 1975, S. 1–16.
14 La Marche, *Mémoires*, S. 174. Vgl. auch C. Arminjon, „L'utile et l'agréable: Le décor de la table du XVe au XIXe siècle“, *Table et Partage*, S. 67–78.
15 La Marche, *Mémoires*, bes. S. 34–38.

Schlußbemerkung
1 *Tractatus*, S. 380.
2 Le Grand d'Aussy, *Vie privée*, Bd. 3, S. 403f.
3 J.-L. Flandrin, „Pour une histoire du goût“, *L'Histoire* 85, 1986, S. 14.

Bibliographie

Quellenangabe der verwendeten Kochbücher:

Enseignements: Lozinski, *Carême*, S.181–187. Frankreich, Anfang 14. Jahrhundert.

Forme of Cury: C. B. Hieatt u. S. Butler, *Curye on Inglysch. English culinary manuscripts of the fourteenth century (including the Form of Cury)*, London / New York 1985 (Early English Text Society-SS 8), S.93–145. England, Ende 14. Jahrhundert.

Goud Kokery: Ebenda, S.147–156. England 15. Jahrhundert.

Libre de Sent Sovi: R. Grewe, *Libre de Sent Sovi (receptari de cuina)*, Barcelona 1979. Katalonien, Anfang 14. Jahrhundert.

Maître Martino: Emilio Faccioli, *Arte della cucina. Libri di ricette, Testi sopra lo scalco, il trinciante e i vini dal XIV al XIX secolo*, I, Mailand 1966. Italien, um 1450.

Maître Chiquart: Scully, „Faits de cuisine“, Savoyen 1420.

Ménagier de Paris: *Le Ménagier de Paris*, hrsg. v. G.E. Brereton u. J.M. Ferrier, Oxford 1981. Frankreich, Ende 14. Jahrhundert.

Recueil de Riom: C. Lambert, *Le Recueil de Riom et la manière de henter soutillement*, Montréal 1987 (*Le moyen français*, 20). Frankreich, Ende 15. Jahrhundert.

Registrum Coquine: Unveröffentlichtes Manuskript. Italien, Anfang 15. Jahrhundert.

Tractatus: „Tractatus de modo praeparandi et condiendi omnia cibaria“: M. Mulon, „Deux traités inédits d'art culinaire médiéval“, *Problèmes de l'alimentation*, S.369–435. Ursprung unbekannt, Anfang 14. Jahrhundert.

Gedruckter Viandier: Pichon-Vicaire, S. 143–199. Frankreich, Ende 15. Jahrhundert.

Viandier aus der Bibliothèque Nationale: Pichon-Vicaire, S.3–34. Frankreich, Ende 14. Jahrhundert.

Viandier de Sion: hrsg. v. P. Aebischer, „Un manuscrit valaisan du *Viandier* attribué à Taillevent“, *Vallesia* 8, 1953, S.73–100. Frankreich, Beginn 14. Jahrhundert.

Viandier des Vatikan: Pichon-Vicaire, Bd. 2, S.73–136. Frankreich, Mitte 15. Jahrhundert.

Verzeichnis der in Abkürzung zitierten Werke:

Alamy-Fruhauf, „Notes“: G. Alamy u. Ch. Fruhauf, „Notes sur l'alimentation des étudiants à Toulouse aux XIVe et XVe siècle“, *Revue de Comminges*, Bd. 83, 1970, S.110–123.

Audouin, *Archéozoologie*: F. Audouin-Rouzeau, *Archéozoologie de la Charité-sur-Loire*, Paris 1981.

Austin, *Two Fifteenth*: Th. Austin, *Two Fifteenth-Century Cookery Books*, London 1888.

Brunet-Redon, *Tables florentines*: J. Brunet u. O. Redon, *Tables florentines. Ecrire et manger avec Franco Sacchetti*, Paris 1984.

Contamine, *Vie quotidienne*: Ph. Contamine, *La vie quotidienne pendant la guerre de Cent Ans. France et Angleterre*, Paris 1976.

Delort, *Animaux*: Delort, R., *Les Animaux ont une histoire*, Paris 1984 (dt. *Der Elefant, die Biene und der heilige Wolf: die wahre Geschichte der Tiere*, München 1987)

Dion, *Vigne*: R. Dion, *Histoire de la vigne et du vin en France, des origines au XIXe siècle*, Paris 1977.

Duby, *Economie*: G. Duby, *L'économie rurale et la vie des campagnes dans l'Occident médiéval*, Bd. 2, Paris 1977.

Essen und Trinken: *Essen und Trinken in Mittelalter und Neuzeit.* Vorträge eines interdisziplinären Kolloquiums vom 10.-13.Juni 1987 in Gießen, hrsg. v. I. Bitsch, T. Ehlert u. X. von Ertzdorff, Sigmaringen 1987.

Franklin, *Vie privée*: A. Franklin, *La vie privée d'autrefois du XIIe au XVIIIe siècle*, Paris, Bd. 3, *La cuisine*, 1888; Bd. 6, *Les repas*, 1889; Bd. 8, *Variétés gastronomiques*, 1891.

Grieco, *Classes sociales*: A.J. Grieco, *Classes sociales, nourritures et imaginaire alimentaire en Italie (XIVe–XVe siècles)*, Paris 1987.

Henisch, *Fast*: B.A. Henisch, *Fast and Feast: Food in Medieval Society*, University Park 1976.

Jacquart, „Regard“: D. Jacquart, „Le regard d'un médecin sur son temps: Jacques Despars (1380?-1485)“, *Bibliothèque de l'Ecole des Chartes*, 1980, S.35-86.

Lachiver, *Vins*: M. Lachiver, *Vins, vignes et vignerons. Histoire du vignoble français*, Paris 1988.

Lafortune-Martel, *Fête noble*: A. Lafortune-Martel, *Fête noble en Bourgogne au XVe siècle*, Montréal-Paris 1984.

La Marche, *Mémoires*: *Mémoires d'Olivier de la Marche, maître d'hôtel et capitaine des gardes de Charles le Téméraire*, hrsg. v. H. Beaune u. J. D'Arbaumont, Bd. 4, Paris 1888.

Langlois, *Vie en France*: Ch.-V. Langlois, *La Vie en France au Moyen âge, de la fin du XIIe au milieu du XIVe siècle, d'après des romains mondains du temps*, Genf 1981.

De Laurière: *Ordonnances des rois de France de la troisième race*, Paris 1723 und Folgejahre.

Le Grand D'Aussy, *Vie privée*: Le Grand D'Aussy, *Histoire de la vie privée des Français*, Paris 1815, Bd. 3 (2. Aufl.).

De Lespinasse: R. de Lespinasse, *Les Métiers et corporations de la ville de Paris*, Bd. 1, 1886.

Levalet, „Observations": M. Levalet, „Quelques observations sur les cuisines en France et en Angleterre au Moyen âge", *Archéologie Médiévale*, Bd. 8, Caen 1978, S.225–244.

Lozinski, *Carême*: G. Lozinski, *La Bataille de Caresme et Charnage*, Paris 1933.

Manger et Boire: *Manger et Boire au Moyen âge* (Protokoll des Kolloquiums in Nizza, 15.–17. Oktober 1982), Paris 1984, 2 Bde.

Matériaux: *Matériaux pour l'histoire des cadres de vie dans l'Europe occidentale (1050–1250)*, Nizza 1984.

Moulin, *Liturgies*: L. Moulin, *Les Liturgies de la Table*, Antwerpen 1988 (dt. *Augenlust und Tafelfreuden. Essen und Trinken in Europa – eine Kulturgeschichte*, Steinhagen 1989).

Pichon-Vicaire: J. Pichon u. G. Vicaire, *Le Viandier de Guillaume Tirel dit Taillevent*, Paris 1892, neu aufgelegt von S. Martinet, Genf 1967.

Piponnier, „Equipements": F. Piponnier, „Equipements et techniques culinaires en Bourgogne", *Bulletin philologique et historique du CTHS*, 1971 (1977).

Problèmes de l'alimentation: *Bulletin philologique et historique du CTHS*, „Les problèmes de l'alimentation", 1968, Paris 1971 (Bibliothèque nationale), Bd. 1.

Revel, *Festin*: J.-F. Revel, *Un festin en paroles*, Paris 1980.

Scully, „Fait de cuisine": T. Scully, „Du fait de cuisine par Maistre Chiquart, 1420", *Vallesia*, 1985, S.101–231.

Stouff, *Ravitaillement*: L. Stouff, *Ravitaillement et alimentation en Provence aux XIVe et XVe siècles*, Paris / Den Haag 1970.

Table et Partage: *La Table et le Partage* (Rencontres de l'Ecole du Louvre), Documentation française, Paris 1986.

Warner, *Antiquitates*: R. Warner, *Antiquitates Culinariae. Tracts on Culinary Affairs of the Old English*, London 1981.

Wie man eyn teutsches Mannsbild...: *Wie man eyn teutsches Mannsbild bey Kräfften hält.* Die vergessenen Küchengeheimnisse des Mittelalters wiederentdeckt, ausprobiert und aufgeschrieben von H. Jürgen Fahrenkamp, Kissing 1986.

Bildnachweis

Archives photographiques de Paris © SPADEM 1989 (Martin Sabon): S. 57, 87, 107, 112.

Arthephot: S. 23 (Nimatallah), 79 (Nimatallah), 124 (ADPC), 133 (Nimatallah).

Bibliothèque Nationale: S. 7, 21, 47, 59, 65, 77, 101, 104, 108–109, 111, 118, 120, 122, 128, 130–131, 137, 140.

Bulloz: S. 22, 28–29, 54, 69, 82, 88–89, 98–99, 125, 126–127, 134.

Edimedia: S. 11, 13, 16, 17, 33, 34, 35, 40, 41, 42, 49, 50, 52, 56, 57, 74, 75, 76, 78, 83, 84, 86, 91, 113, 132, 136, 142.

Explorer: S. 14, 46, 55, 119, 143, 146, 147.

Giraudon: S. 6, 18, 31, 32, 36, 38, 39, 43, 44, 58, 60, 61, 63, 64, 71, 73, 81, 85, 86, 93, 97, 105, 121, 123, 135, 138, 139, 141, 144.

Institut de Recherches et d'Histoire des textes (CNRS): S. 15, 51, 53.

Magnum: S. 95, 102–103 (E. Lessing).

Réunion des musées nationaux: S. 26, 37, 48, 90, 100, 110, 115, 116.

Roger-Viollet: S. 19.

Scala (Florenz): S. 8, 9, 10, 12, 20, 24, 27, 62, 66–67, 70, 92, 94, 96, 106, 114, 129, 145.